Résiliences sociales et politiques publiques participatives

Siaka Coulibaly

Résiliences sociales et politiques publiques participatives

L'Harmattan

5-7, rue de l'École-Polytechnique ; 75005 Paris

http://www.librairieharmattan.com
diffusion.harmattan@wanadoo.fr
harmattan1@wanadoo.fr

ISBN : 978-2-343-01582-8
EAN : 9782343015828

« Rien n'est plus fort

qu'une idée dont l'heure est arrivée »

Victor Hugo

Avertissement

Les opinions exprimées dans cet ouvrage sont exclusivement celles de l'auteur et ne sauraient être attribuées, en aucun cas, au CDCAP

Sommaire

Remerciements

Les remerciements proviennent de l'auteur et de tous ceux (activistes, organisations de la société civile et communautés à la base) qui ont pris part à l'entreprise du suivi citoyen des politiques publiques depuis 2003. Ces remerciements s'adressent en premier lieu à l'agence suédoise pour la coopération internationale (ASDI/SIDA) et à l'Ambassade de Suède au Burkina Faso dont le concours financier et la compréhension ont permis à l'initiative du suivi citoyen des politiques publiques de prendre une dimension respectable et de déployer les composantes essentielles de la démarche, ainsi que sa capitalisation. Stina Karltun et François Landiesch recevront une mention spéciale pour leur ouverture d'esprit qui égale leur perspicacité technique.

La reconnaissance des acteurs du suivi citoyen des politiques publiques va également à DIAKONIA, ONG suédoise de protection des droits humains qui est présente au Burkina Faso depuis 1987 et agit dans le changement social par le soutien financier et technique aux groupes de la société civile. Cette institution a permis à beaucoup d'activistes de contribuer à l'équilibre entre les puissants et les exclus. Ses équipes successives, depuis 2002 et Klaus Greifenstein, jusqu'aux animateurs du jour, ont apporté un encadrement de premier ordre aux acteurs du suivi citoyen des politiques publiques.

La coopération allemande, à travers le DED puis la GIZ, a été parmi les premiers à croire dans le potentiel du suivi à la base à changer positivement la gouvernance et le développement local et national. Albert Njoumé Ekango, par sa passion, a beaucoup supporté les premiers moments du processus.

L'antenne burkinabé du National Democratic Institute a beaucoup assisté les acteurs citoyens sur la question de l'équité du genre dans l'expérience politique communale, permettant de tirer des enseignements précieux. Toute l'équipe reçoit les marques de gratitude des acteurs du suivi citoyen des politiques publiques.

Les autorités politiques et administratives du Burkina Faso reçoivent une part des remerciements en ce qu'ils ont démontré une ouverture progressive, mais constante aux sirènes de la participation citoyenne. Le Burkina Faso, même s'il est un jour dépassé par d'autres dans cette voie, a atteint, avant beaucoup, un stade élevé de gouvernance participative formelle. Que l'ouverture ait répondu à un calcul politique ou pas, cela a néanmoins permis à des citoyens de faire leur œuvre de protection des droits humains là où cette tâche était la plus pertinente.

Liste des abréviations

AN : Assemblée Nationale

ASCE : Autorité Supérieure du contrôle d'État

ASDI/SIDA: Agence Suédoise pour le Développement International Swedish International Development Agency

CDC/CSLP: Cadre de concertation des OSC pour le suivi du CSLP

CDCAP : Centre de suivi et d'analyses citoyens des politiques publiques

CEDEAO : Communauté économique des États de l'Afrique de l'Ouest

CFA : Communauté Financière Africaine

CGCT : Code Général des Collectivités Territoriales

CGD : Centre pour la Gouvernance Démocratique

CPR : Citizen Policy Review

CSB : Comité de Suivi à la Base

CSD : Cadre Sectoriel de Dialogue

CSLP : Cadre Stratégique de Lutte contre la Pauvreté

CST : Commission Sectorielle Technique

DED : Deutscher Entwicklungs Dienst Service Allemand de Développement

FOSCAO : Forum de la Société Civile de l'Afrique de l'Ouest

GIZ : Deutsche Gesellsc für Internationale Zusammenarbeit Agence Allemande pour la Coopération Internationale

MATD : Ministère de l'Administration Territoriale et de la Décentralisation

MEF : Ministère de l'Economie et des Finances

MFPDI : Ministère de la Fonction Publique et du Développement Institutionnel

NDI : National Democratic Institute

OF : Organisation Focale

ONG : Organisation Non Gouvernementale

OSC : Organisations de la Société Civile

PIB : Produit Intérieur Brut

PNUD : Programme des Nations Unies pour le Développement

PPTE : Pays Pauvre Très Endetté

PROS : Programme de Renforcement de la Société Civile

PTF : Partenaire Technique et Financier

RBA : Rights Based Approach

SCADD : Stratégie de Croissance Accélérée et de Développement Durable

SONABEL: Société Nationale Burkinabé d'Electricité

UEMOA : Union Economique et Monétaire Ouest Africaine

WACSOF : West African Civil Society Forum

Avant-propos

Ce n'est certainement pas un hasard si les principales entreprises de promotion de la démocratie et des droits humains au Burkina Faso sont soutenues par la Suède. Il faut y percevoir une rigoureuse cohérence entre les conceptions sociale et politique de la société qu'a adoptée ce royaume et son action internationale.

Le Royaume de Suède, en passant de la monarchie pure à celle constitutionnelle, a adhéré à la démocratie sociale comme modèle de société. Les conditions les plus larges de la liberté permettent aux entreprises humaines de faire prospérer l'ensemble du corps social en produisant constamment de la richesse d'une part et d'autre part, les fruits de la croissance matérielle sont répartis au mieux entre les citoyens du pays. Ce modèle social, politique et économique permet à la Suède d'occuper, depuis des décennies, l'une des dix premières places du classement mondial à l'Indice du développement humain[1] sans disposer de zones d'influences géopolitiques, ni de ressources naturelles élargies.

S'il est vrai que ce pays commence à connaître les mêmes soubresauts socio-politiques que tous les autres pays du monde, cela est essentiellement lié à la très

[11] La Suède est septième au classement 2013 : http://hdr.undp.org

complexe question de l'immigration et de la montée des groupes nationalistes en Europe occidentale ces vingt dernières années[2].

Le modèle de la démocratie sociale accorde une grande place à la prévention des conflits, qu'ils soient internes ou externes, privilégiant l'utilisation des ressources qui y sont destinées au développement humain, avec des résultats constatables.

Ce sont les principes de ce modèle socio-politique qui ont inspiré les initiateurs de l'approche de la protection des droits humains par la participation et le suivi citoyen des politiques publiques au Burkina Faso. La démarche consiste à allier, intervention stratégique et volonté de changer rapidement les distorsions sociales et politiques. L'alliage de ces deux leviers permet de contribuer au changement social de manière efficiente.

Depuis 2003, un partenariat a uni un groupe d'activistes burkinabé aux œuvres suédoises et en 2013, il est possible de commencer à présenter quelques fruits du partenariat. Plusieurs communautés semi-rurales se sont engagées dans le suivi des politiques publiques pour veiller sur leurs intérêts au moment de la formulation et de l'exécution de ces politiques publiques. À leurs côtés, les acteurs de la société civile participent aux cadres de dialogues

---

[2] Pendant quatre nuits, du 19 au 22 mai 2013, des magasins, des écoles, un commissariat de police et un centre culturel ont subi des dégâts à Stockholm, capitale de la Suède

politiques et tentent d'y faire admettre la prise en compte d'intérêts sociaux divers dans un contexte de centralisme étatique en lente ouverture. L'action des OSC au niveau local est aussi fortement appuyée par la coopération allemande. Ce pays a beaucoup d'enseignements à apporter aux pays en développement en matière de décentralisation et d'équilibre entre le centre et les régions.

Au bout du chemin, l'élan du cœur des populations généreuses du Nord, apporte bien quelques soulagements chez leurs amis du Sud.

Siaka Coulibaly,

Juriste – Analyste politique

Activiste de la démocratie, des droits humains et de l'environnement

Introduction

Dans la savane brûlée par un soleil agressif, des femmes et des hommes triment inlassablement contre l'adversité de la nature pour mener une vie qui, à bien d'égards, s'est réduite à sa plus simple expression. Dans cette partie de l'Afrique, les conditions d'existence sont rudimentaires et les stratégies de survie contribuent à la dégradation de ces mêmes conditions. Les activités de production sont menées avec des techniques si anciennes qu'elles sont devenues des facteurs actifs de l'insécurité humaine. Quand les corps, usés par les labeurs de forçats, arrivent à épuisement et sont frappés par la maladie, aucun revenu, ni épargne provenant du travail de l'individu ne lui permet de recourir à la médecine, y compris celle traditionnelle, qui s'est elle-même largement monétisée au fil du temps. Dans un tel contexte, la solution la plus rationnelle et que beaucoup sont contraints d'adopter est la migration vers d'autres cieux plus accueillants. Pour ceux qui sont restés, enracinés dans une fatalité qu'ils n'ont plus la force de juguler, les perspectives de vie meilleure s'amenuisent paradoxalement malgré la profusion des mécanismes et des initiatives qui sont mis en place en leur nom et en vue de soulager leurs souffrances.

En effet, il serait de mauvaise foi de nier les efforts déployés par les acteurs institutionnels en vue de faire mouvoir l'arrière-pays rural vers le progrès humain. Le but ultime de l'État et de toutes ses institutions subalternes est de permettre aux millions de femmes et d'hommes du monde rural d'accéder aux fruits du progrès technique qui se traduit par des capacités mentales supérieures (éducation), un état physiologique performant (santé) et des conditions de production et de revenus modernes (techniques de production, infrastructures, crédit, commercialisation). Le soutien des pays donateurs aux initiatives de développement du Burkina Faso est incontestablement un supplément important qui fait respirer l'État et ses démembrements. Non pas que les habitants du Burkina Faso seraient tous morts sans l'aide extérieure, mais plusieurs décennies de cette aide ont englué le pays dans une dépendance telle que l'absence de l'aide produirait les mêmes conséquences que la sécheresse de 1973 ou l'inondation du 1er septembre 2009 à Ouagadougou. Par ailleurs, les bilans périodiques de l'aide au développement établissent des progrès continus dans l'amélioration des conditions d'existence des populations. Les rapports du gouvernement (évaluation du CSLP 2010) démontrent les efforts d'investissements et expliquent les raisons de la stagnation dans les progrès des domaines socio-économiques.

Là où les humanistes, agissant au sein des organisations non gouvernementales, trouvent raison à s'élever, c'est que les écarts entre les efforts d'investissements socio-économiques et le progrès des conditions d'existence des populations sont trop grands et laissent penser à des distorsions inexpliquées. Devant une situation stabilisée dans l'involution sociale et économique, il y a matière à intervenir. Une interrogation sur les processus de développement conduit à vérifier si les investissements sont faits selon des approches pertinentes et si ceux-ci sont acheminés vers les cibles adéquates. Sur ce sujet, la problématique intellectuelle et l'engagement pour la bonne cause se rejoignent autour d'une recherche de la justice économique et sociale que le cadre de l'État de droit devrait permettre aisément d'assurer. Il s'agirait, en comparant cette œuvre aux programmes d'ajustements structurels des années 80, de rétablir les grands équilibres politiques, sociaux et économiques, en vue du progrès social.

Le cadre juridique interne et international existant offre assez de prise pour cette action de promotion de la justice socio-économique. La promotion des droits humains, afin de réaliser les bonds sociaux attendus, se doit d'innover et d'emprunter des voies nouvelles. Pousser la participation citoyenne est la stratégie qui, telle une ogive nucléaire à têtes multiples, permet d'atteindre simultanément plusieurs cibles et faire des impacts décisifs. Son principal challenge réside dans les mentalités, à la fois des acteurs publics et des populations, qui changent à des rythmes très lents et handicapent l'innovation et les progrès dans le changement social.

Une approche de promotion des droits humains par la participation citoyenne et le suivi des politiques publiques a été conceptualisée et mise en œuvre par un groupe d'activistes burkinabé depuis l'entrée du pays dans le cycle des stratégies de réduction de la pauvreté. Au bout de quelques années d'expérimentation, il convient de documenter l'approche et de la systématiser. La documentation des bonnes pratiques, faut-il le rappeler, permet leur dissémination, leur discussion et critique par d'autres acteurs et surtout, de servir de référence et d'éviter de reprendre la même expérience par le début.

La présentation de l'expérience de la promotion des droits humains par la stratégie de la participation citoyenne et du suivi citoyen des politiques publiques implique d'emblée de situer le contexte physique, socio-politique et économique où l'expérience se déroule. Un retour sur le concept de politiques publiques en lien avec la démocratie et les droits humains est également nécessaire pour élargir la compréhension du sujet. L'approche de la participation citoyenne à travers le suivi des politiques publiques comme stratégie de défense et de promotion des droits humains sera déployée en ses principaux aspects techniques et ses justifications. Les premiers grands résultats permettront d'initier un exposé de la pertinence et de la cohérence générale de l'approche.

Chapitre 1

Innover dans la réponse à une problématique déjà ancienne

Le Burkina Faso est un pays sahélien semi-désertique aux conditions physiques, géographiques et climatiques difficiles. L'avancée irréversible du désert agresse le couvert végétal, la faune et les hommes ; et les conditions d'existence sont de plus en plus mauvaises, surtout en milieu rural. La population jeune est très importante et les conditions de revenus étant précaires, l'exode vers les centres urbains et les pays voisins est très important.

Le système économique est assez fragile et vulnérable du fait de sa trop grande dépendance de l'agriculture rudimentaire et des cultures de rentes (coton) ainsi que de la pluie pour la production agricole et l'élevage. Le document portant Stratégie de croissance accélérée et de Développement durable 2010 – 2015 du gouvernement burkinabé identifie des contraintes comme les :

- chocs naturels (climatiques, sécheresse, inondations, rareté des pluies),

- chocs exogènes (cours mondiaux des matières premières, crises financière, alimentaire et énergétique 2008).

Ces contraintes entrainent une faible productivité végétale et animale et une certaine précarité sociale et économique. En 2009, 43,9 % de la population burkinabè vivait en-dessous du seuil de pauvreté, estimé à 108 454 francs CFA et Le Burkina Faso était classé, cette année-là, 177e sur 182 pays à l'Indice du développement humain (Rapport PNUD).

Dans un tel contexte assez défavorable, l'État tient le rôle leader dans la conduite de la réponse à la pauvreté. C'est un État encore centralisé en grande partie qui tient les principaux leviers politiques, administratifs et économiques. Depuis l'indépendance en 1960, l'État a mis en œuvre plusieurs approches, politiques et programmes de développement en vue de relever le niveau de bien-être des populations. La plus spectaculaire de ces approches, sans être la plus efficace, les programmes d'ajustement structurel, a été remplacée par les stratégies de réduction de la pauvreté à partir du milieu de la décennie 1990.

Le principal instrument financier et programmatique des stratégies de réduction de la pauvreté, l'initiative Pays pauvres très endettés (PPTE) a permis au Burkina Faso de réduire sa dette extérieure qui représentait 69% du PIB en 1997 à 27% du PIB en 2007. Le principe de l'initiative PPTE est la réduction de la dette d'un pays en échange de l'engagement du gouvernement de ce pays à affecter les montants obtenus de la remise de la dette au financement des programmes sociaux (éducation, santé, alimentation, etc.). Les pays qui étaient admis à cette facilité devaient proposer à ses bailleurs de fonds un Cadre stratégique de Lutte contre la Pauvreté (CSLP). Ce document présentait les options du pays en matière de choix de développement ainsi que les principales mesures et programmes sectoriels à mettre en œuvre selon un chronogramme. Par rapport aux autres modèles de politiques gouvernementales, le CSLP propose des avantages certains en termes de lisibilité de l'action gouvernementale. En effet,

- Il est un cadre-synthèse des politiques publiques de réduction de la pauvreté

- Il présente les objectifs sectoriels prioritaires

- Il permet et facilite l'évaluation de l'action gouvernementale de lutte contre la pauvreté.

Le principal avantage du CSLP, du point de vue de la participation citoyenne, est qu'il est fondé sur la bonne gouvernance et l'approche participative. Ses mécanismes prévoient la contribution d'acteurs autres que l'État. Ainsi, l'expérience du CSLP a été une expérience partagée par plusieurs acteurs du développement et a mis en présence les structures étatiques, le secteur privé, les collectivités territoriales et les organisations citoyennes.

Une fois que l'État et ses partenaires se sont engagés dans cette nouvelle approche de développement, les communautés pauvres, encadrées par les défenseurs des droits humains, ont eu une grande question à l'esprit. Comment le citoyen courant pouvait-il être sûr que l'argent obtenu par l'État par l'annulation d'une partie de la dette ira vraiment vers les investissements sociaux prévus ? La défense des droits des plus démunis devenait très concrète dans le cadre de cette initiative. Il a fallu proposer un dispositif de protection des droits humains qui s'adapte au nouveau contexte de politique de développement.

1. Les droits humains au cœur de l'état de droit

Depuis l'accession des pays africains à la souveraineté internationale, il y a de cela plus de cinquante ans, les droits humains sont au cœur de la question de l'État. La construction de l'État en Afrique, en tant que produit importé, s'est butée au handicap conceptuel du statut de l'individu revêtu des droits fondamentaux (vie, liberté de penser, d'association, aliment, instruction, etc.) contre une institution dominatrice armée de la puissance publique qui, le plus souvent, fait plus preuve de rigueur que de providence à l'endroit des citoyens.

La relation entre l'État et le citoyen en Afrique a été caractérisée par un historique malentendu. Les tenants des rênes de la puissance publique et des prérogatives qui vont avec, pensent être des hommes à part et seraient d'un statut supérieur aux citoyens ordinaires. Pour eux, l'État est la machine pourvoyeuse de biens, de services et de pouvoir qu'ils ont eu la chance de maîtriser à leur seul profit. Ils tirent l'essentiel de leurs moyens et richesses des biens publics et agissent à maintenir leur position contre vents et marées. Les agents publics ont une faible imputabilité vis-à-vis des usagers du service public. Malgré tout l'échafaudage juridique et institutionnel érigé pour doter l'État d'un cadre d'action conforme à l'idée du contrat social, les servants de l'État considèrent encore que le service public doit être dispensé au citoyen selon leur bon vouloir. La situation au Burkina Faso est à un point tel, en 2010, qu'il est quasiment impossible à un citoyen quelconque de se faire délivrer un service public sans se soumettre soit aux réseaux de relations personnelles informelles et très agissantes, soit à la corruption.

D'un autre côté, la plus grande majorité des citoyens est exclue du contrôle des leviers de l'État et se trouve dans la position, le plus souvent virtuelle, de bénéficiaires des actions de l'État. Ils comptent sur les structures de l'État pour accéder aux biens et services nécessaires à une vie décente. La provision réelle des biens publics est nettement en deçà des besoins des populations et la plupart des gens relèvent des statistiques négatives de la pauvreté. Devant la faible disponibilité de ces biens et services au bénéfice des citoyens, de nombreuses incompréhensions s'élèvent chez les seconds et, parfois, des conflits surviennent.

En Afrique, et au Burkina Faso, les citoyens considèrent généralement l'État comme un parent qui devrait leur venir en aide en cas de difficultés (CGD 2010). Ils en ont encore la conception providentielle dans laquelle l'État serait comparable à un substitut divin à qui les nécessiteux s'adresseraient quand ils sont dans un besoin pressant. L'idée qu'ils sont détenteurs de droits vis-à-vis de la puissance publique est assez éloignée de leur système de perceptions actives. Le principe de la redevabilité qui a fondé les grandes sociétés modernes est à un niveau embryonnaire dans les pays en développement. L'adhésion à l'idée du droit reste la principale problématique de la construction de l'État en Afrique. La production de la règle de droit, quoiqu'assez marginale des systèmes sociaux, est néanmoins assez régulière, tandis que son application relève des circonstances.

Les dirigeants ne se font pas les hérauts de la loi et se retrouvent très souvent en première ligne de responsabilité ou de compromission dans les cas de violation du droit. Les citoyens, au lieu d'être les détenteurs des droits définis par les textes de l'État (constitution, lois, etc.), en mesure d'exiger leur application stricte, se considèrent comme chanceux lorsque, presque par hasard, la loi leur est favorablement appliquée. Ce déficit dans la conception du droit comme fondement de l'État se confirme par les difficultés du système judiciaire dans ces pays. Que de fois, les citoyens, victimes de violations flagrantes, refusent de saisir la justice pour faire rétablir leurs droits, compliquant la tâche des défenseurs des droits humains. Ou alors, des décisions du juge font l'objet de transactions et de compromis post-judiciaires, touchant, de plein fouet, la force de chose jugée et le principe fondateur de la force publique. Toutes ces attitudes favorisent l'impunité qui est le lit des violations des droits humains.

Satisfaire aux droits humains des populations a été, à l'origine, la mission principale de l'État, et ce fut une des missions des nouveaux États africains à leur indépendance. La question des droits humains est revenue avec plus d'intensité au moment du renouveau démocratique en 1990. Cette fois-là, la notion d'État de droit a été mise en avant afin de mettre une emphase explicite sur la responsabilité de l'État dans la protection des droits des citoyens. La pression des droits humains a été si forte que certains ont pu parler d'État des droits comme identité réelle de l'État africain. Le retour vers la démocratie, après trois décennies de turbulences socio-politiques[3], s'est

[3] Durant les premières années des indépendances africaines, les partis uniques et les régimes d'exception ont été la règle dans presque tous les pays africains. La principale caractéristique de

traduit par un éveil des populations africaines aux droits et à un nouveau rapport avec l'État basé sur la redevabilité qui a vu le jour à partir de 1990[4]. Le citoyen, de façon peu ordonnée, il est vrai, manifeste de plus en plus qu'il est détenteur de droits et que l'État en est le procurateur principal.

Les droits humains dans le contexte actuel de construction de l'État de droit et de la démocratie, ne peuvent faire l'économie du rôle de la société civile. Les organisations de la société civile ont foisonné avec le réveil démocratique et jouent le rôle d'avant-garde là où le citoyen n'émerge que trop lentement des brumes de la servitude du tout-État. Elles portent en avant les thèmes de la protection des droits citoyens au nom et pour le compte des communautés. Au fil du temps, les OSC ont développé de véritables aptitudes dans la prise en charge des différentes facettes des droits humains. Elles sont aussi en perpétuelle recherche de nouvelles approches afin d'atteindre leur objectif.

---

ces deux types de régimes politiques est l'absence de justice et les violations des droits humains.

[4] Après la chute du mur de Berlin en 1989, les démocraties occidentales ont opté de faire adopter aux pays africains, le modèle de démocratie libérale. La France, qui entretient des relations avec plusieurs États d'Afrique de l'ouest, a incité ses « amis » africains à se mettre à la mode du moment. À la suite du Sommet de la Baule en septembre 1989, un vaste mouvement de réformes politiques et institutionnelles a vu le jour en Afrique et a abouti à l'amorce de la démocratisation (conférences nationales, constitutions, élections démocratiques, État de droit).

Aux plans intellectuel et normatif, le sujet des droits humains semble assez facile à traiter. En effet, dans le cadre des coopérations multiples et dans l'exercice de leur souveraineté internationale, les États africains ont dû se soumettre à des valeurs relevant de l'étatisme moderne à travers une multitude d'instruments qui, en théorie, autorise une protection exhaustive des droits humains. De fait, l'échafaudage institutionnel des États africains est assez fourni, du point de vue de la conformité aux normes internationales. La pratique révèle cependant un déni permanent de la plupart des instruments adoptés. Ainsi, dans la plupart des pays africains, les droits humains sont en souffrance. Les droits civils et politiques de moins en moins, comparativement aux périodes des régimes d'exception, mais les droits économiques, sociaux et culturels de plus en plus, du fait de l'insuffisance des réponses institutionnelles à la pauvreté grandissante. Les droits humains souffrent beaucoup plus de la conception que les dirigeants et les citoyens en ont (système de privilèges et clientélisme) et du rapport au bien public (détournement et corruption) que de l'absence de ressources. Dans un tel contexte, les dispositifs destinés à lutter contre la pauvreté contribuent parfois à l'aggraver. Des approches spécifiques de veille citoyenne et de redevabilité doivent être imaginées et mises en œuvre pour contrer la spirale négative qui entraine les droits humains vers des états arriérés.

2. Innover dans la défense des droits humains

La défense des droits humains a pris plusieurs formes successives en fonction de l'évolution du contexte socio-politique des pays africains en développement.

Dès les premières années des indépendances, la forme politique de défense des droits humains a été la forme la plus utilisée. Cette forme découlait du contexte de l'accession à l'indépendance où des luttes nationalistes et anticolonialistes ont concerné plusieurs territoires. Le mouvement civique post indépendance a aussi été largement animé et soutenu par les organisations syndicales et des organisations associatives qui gardaient un lien fort avec les partis politiques. Ainsi, plusieurs situations de revendications sociales ont pris une tournure politique comme au Burkina Faso en 1965-1966 où une grève d'enseignants s'est terminée par la chute de la première république le 3 janvier 1966. Cette tendance s'est poursuivie durant les régimes d'exception, au cours des années 1980. Les mots d'ordre des mouvements de revendication étaient très souvent ouvertement politiques (appels à la démission des dirigeants) quand bien même des violations de droits socio-économiques seraient à leur origine.

Le renouveau démocratique des années 1990 a permis à la formule du plaidoyer de prendre progressivement le pas sur la forme politique de défense des droits humains. Les mécanismes de la démocratie se mettant peu à peu en place et les réflexes de ce modèle gagnant du terrain, les principes de la bonne gouvernance permettent de régler, avec plus ou moins de succès, des situations de violation des droits humains par le plaidoyer conduit par les groupes de citoyens. L'État de droit a progressivement privé les auteurs des abus des droits de leurs principaux moyens d'action. Tous les actes des agents publics étant soumis à la règle de droit à travers des procédures de plus en plus étoffées, les atteintes aux droits, par exemple dans la procédure judiciaire, sous la couverture de la puissance publique, et surtout derrière la garantie de l'impunité, ont du mal à se faire. Surtout, les forces de répression ont appris à intégrer les droits civils et politiques dans leurs modes d'opération. Les manifestations sont plus tolérées et de plus en plus, l'expression d'idées ou d'opinion ne fait plus l'objet de réaction systématiquement violente de la part des forces de répression. Dans un tel contexte, les interpellations sur les violations des droits humains se font plus facilement et le plaidoyer devient une arme démocratique de défense des droits humains.

Avec la progression fulgurante de la construction de la superstructure institutionnelle et bien que le fonctionnement démocratique n'ait pas atteint le même niveau que celui de l'institutionnel, le dialogue sur les politiques au sein des cadres de concertation disponibles est devenu une réalité au Burkina Faso.

Une base légale consistante a été générée et permet aux citoyens organisés d'intégrer le dispositif de la conception, de l'exécution et l'évaluation des politiques publiques. Une fois à l'intérieur des cadres de décision, ces citoyens peuvent comprendre les logiques qui ont permis que telle ou telle mesure qui pose problème dans son exécution ait pu être adoptée. De même et surtout, ils peuvent influencer la formulation de la mesure ou du programme en lui faisant prendre en compte les droits humains. Voilà comment la participation citoyenne est devenue la forme contemporaine de défense des droits humains du contexte de consolidation démocratique et de l'État de droit. Cette approche a été projetée par le Centre de suivi et d'analyses citoyens des politiques publiques (CDCAP) et est en modélisation depuis les années 2000. Au lieu de poursuivre les cas de violations des droits humains, l'un après l'autre, partout où ils se déroulent (commissariats, palais de justice, administrations, quartiers), faire investir l'action publique par les citoyens permet de résoudre la protection des droits humains à grande échelle, tout en mettant en mouvement la démocratie, l'État de droit, la bonne gouvernance et la décentralisation. Cette approche est aussi économique, car le traitement individuel des violations des droits humains finit par revenir cher au moment où les organisations citoyennes et les défenseurs des droits humains n'ont pas tous les moyens dont ils ont besoin.

3. La participation citoyenne en question

Il est important, à ce stade, de préciser ce qui est entendu par participation ou participation citoyenne. Plusieurs définitions sont disponibles, qui touchent différents aspects de la participation et sont liées aux contextes et aux expériences qui ont permis de les élaborer. D'une manière générale, la participation citoyenne est intimement liée au modèle politique de la démocratie libérale qui est fondé sur la participation de tous les sujets de droits d'un pays, à la vie politique et aux affaires publiques en général. Dans les cas des pays en consolidation démocratique et en développement, il avait été constaté, dans les années 80, un déficit de participation à la fois dans la vie politique et dans le processus de développement. Au plan politique, les démocraties autoritaires et les régimes d'exception avaient relégué les citoyens à une position de spectateur, tout juste conviés par moment pour faire de la figuration forcée dans les activités d'apparat. Dans l'économie du développement, les approches dirigistes (planification et programmes d'ajustement structurels) ont fait, dans leurs circuits, très peu de place aux populations, pourtant supposées bénéficier des résultats de ces politiques économiques. Les effets des programmes d'ajustement structurel au plan social (pertes d'emplois en grand nombre, chômage élevé, pauvreté généralisée, restriction des biens et services socio-économiques de première nécessité, etc.) ont conduit les décideurs des politiques économiques de développement (États et Institutions Financières Internationales) à réorienter ces politiques vers la contribution systématique des bénéficiaires aux projets et programmes. Dans la mouvance vers les approches participatives du développement, plusieurs travaux ont été menés qui ont permis de générer autant de définitions et d'applications de la participation citoyenne aux processus de développement.

On peut retenir la définition de Fiorino[5] (1995) qui définit comme participation ''*toute forme d'implication dans le processus de gestion d'un système donné d'acteurs n'appartenant pas au dispositif formel en charge du pouvoir de décision sur ce système* ''. Concrètement, dans le cas de la santé, la participation viserait des acteurs qui ne font pas partie du dispositif officiel du département de la santé (associations de malades, mutuelles de santé, usagers, etc.) dans les processus décisionnels formels (Cadre sectoriel de dialogue).

MULLER[6] renforce l'idée de la participation citoyenne dans les politiques publiques en disant que : « *Le seul moyen de réussir une politique, c'est d'en confier la réalisation à ceux qui ont intérêt qu'elle réussisse* ».

---

[5] Daniel J. Fiorino, *Making Environmental Policy*, University of California Press, 1995

[6] Pierre Müller, *Les politiques publiques*, Presses Universitaires de France, PUF, 14 sept. 2011, 126 pages

Pour être participative, une gouvernance doit recouvrir quatre caractéristiques :

- permettre la participation directe et l'expression des capacités des citoyens dans un processus de décision (Fiorino, 1990) dans le but de construire la confiance du public dans les décisions prises ;

- accroître le partage de l'autorité décisionnelle (Thompson, 1970), afin de permettre une gouvernance démocratique de qualité ;

- accroître les possibilités de discussions « face à face » (Barber, 1984[7]);

- permettre d'accorder un poids équivalent dans la discussion aux citoyens, aux techniciens et aux politiques.

Ces exigences permettent de préciser les domaines de participation que figure le schéma suivant.

---

[7] Benjamin Barber, *Strong democracy, participatory politics for a new age*, University of California Press, 1984

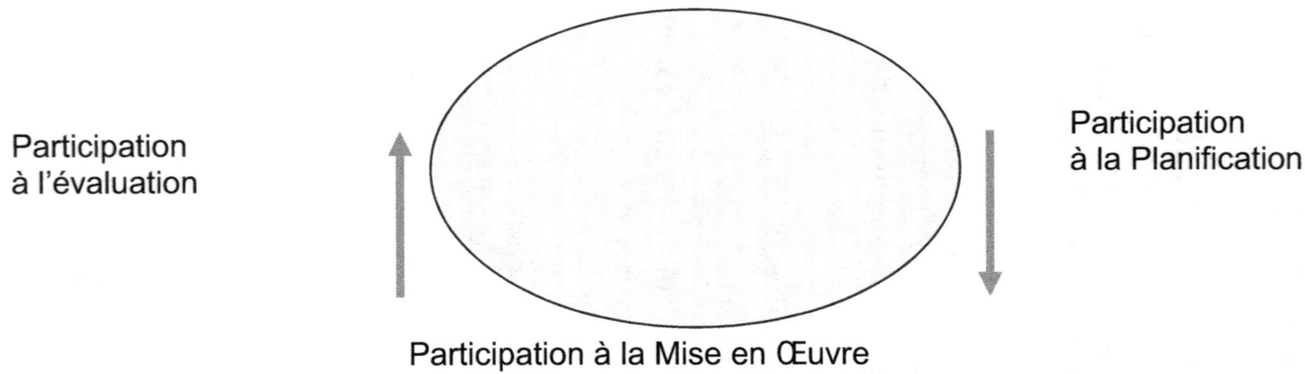

Beaucoup de personnes non averties ignorent qu'en réalité la décision de politique n'est pas l'œuvre ni la volonté d'une seule personne. Il est vrai qu'une décision est endossée par une personne (autorité politique ou administrative) qui en assume aussi la responsabilité. Mais plusieurs acteurs et facteurs interviennent dans la formation d'une décision de politique publique. La figure suivante présente quelques éléments qui interviennent dans la formulation d'une politique publique.

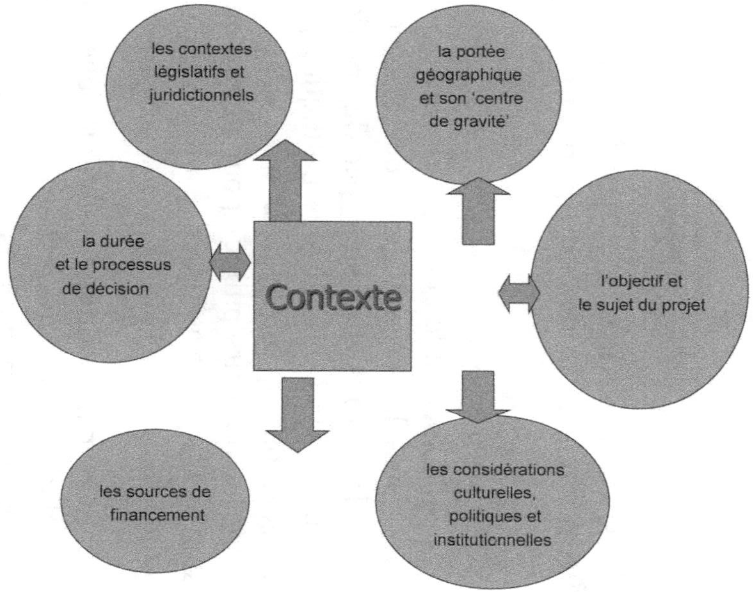

Une fois le principe de la participation citoyenne dans les politiques publiques posé, reste à trouver la niche pouvant justifier et surtout rendre efficace cette participation. Une adaptation de concepts déjà existants a permis de faire du suivi citoyen des politiques publiques l'angle adéquat de la protection des droits humains dans des processus de démocratisation et de décentralisation.

4. Les politiques publiques, la démocratie et le développement

Il est indispensable de traiter des politiques publiques dans la présentation de l'approche de protection des droits humains par la participation citoyenne et le suivi citoyen des politiques publique. Les politiques publiques, en définitive, sont le moyen qu'utilisent les pouvoirs publics pour mettre en œuvre leur vision politique et assumer leurs devoirs vis-à-vis des populations.

On entend par politique publique une stratégie opérationnelle d'une vision ou d'un programme politique. Elle comprend les éléments constitutifs suivants[8] :

---

[8] Synthèse des travaux des auteurs ayant traité de la participation, citée ici

- un ensemble de mesures concrètes, qui forment la substance et matérialisent ou opérationnalisent une idée politique ou une vision

- Des décisions de nature plus ou moins autoritaire (affectations, taxes, nationalisation, lois, décrets, etc.)

- S'inscrit dans un « cadre général d'action », ce qui permet de distinguer (en principe) une politique publique de simples mesures isolées

- À un public (ou plutôt des publics), c'est-à-dire des individus, groupes ou organisations dont la situation est affectée par la politique publique. Par exemple, les automobilistes, les constructeurs, les entreprises de génie civil constitueront, à des degrés divers, le public de la politique de la sécurité routière. Les femmes, les enfants de moins de 3 ans, les populations riveraines d'un cours d'eau peuvent constituer le public d'une politique de santé

- Définit obligatoirement, de manière aussi précise que possible, des buts ou des objectifs (quantitatifs et qualitatifs) à atteindre, par exemple réduire la pauvreté.

Les politiques publiques prennent naissance dans des cadres et institutions qui en sont souvent les acteurs. On peut citer :

- L'État central comprenant les départements ministériels et leurs démembrements

- Les institutions indépendantes[9] (Conseil Supérieur de la Communication, Chambre de commerce, etc.)

- Les Collectivités territoriales. Ce sont des organes plus ou moins autonomes de l'État central. Au Burkina Faso, on y compte la Région et la Commune.

- Les Organismes sous régionaux d'intégration parmi lesquels la CEDEAO et l'UEMOA.

- Les institutions acteurs des relations internationales comme l'ONU et l'Union Européenne.

Durant les trente premières années des indépendances africaines, la recherche du bien-être pour tous par l'acteur État s'est faite par des politiques publiques dirigistes. Très peu de place avait été faite aux citoyens, pourtant désignés comme destinataires des fruits des politiques publiques. À

[9] Le caractère indépendant est pris ici au sens large, en opposition aux structures déconcentrées de l'État central

partir du milieu des années 1980, à la suite de l'échec des programmes d'ajustement structurel en Afrique, les institutions internationales et les États africains ont orienté les politiques publiques vers l'approche participative et la bonne gouvernance. Cette approche constitue une évolution et l'ouverture a formellement permis la participation de tous les citoyens à la gouvernance politique et à la définition des choix stratégiques du développement.

Le Cadre stratégique de lutte contre la pauvreté, CSLP (2000 – 2010) a marqué l'ère des politiques publiques participatives au Burkina Faso. Le CSLP, qui a été remplacé en 2010 par la Stratégie de croissance accélérée et de développement durable (SCADD), représente le principal cadre de politique publique du Burkina Faso. On y retrouve les options de politique économique du gouvernement, ainsi que les objectifs généraux et sectoriels du gouvernement pour le développement. De 2000 à 2013, les acteurs non étatiques ont progressivement joué des rôles importants dans ce processus.

Cette approche de la gouvernance et du développement est une aubaine pour la société civile en quête de protection des droits humains. Cette société civile doit saisir les opportunités des politiques publiques pour accomplir ses buts sociétaux et historiques qui aboutissent au changement social[10]. L'approche participative couplée à la décentralisation offre d'énormes possibilités de participation à tout citoyen. Reste à développer chez les acteurs citoyens les aptitudes nécessaires pour faire face aux nombreux défis du dialogue sur les politiques publiques qui utilise des outils complexes pour traiter du développement socio-économique de masse. La force politique récente de la société civile, si y sont ajoutées les capacités techniques, devrait lui permettre de conquérir des positions stratégiques dans les politiques publiques et les cadres où elles sont élaborées et mises en œuvre.

Les politiques publiques sont le siège de la décision politique sur les choix de société, mais aussi de la gestion des affaires courantes. Les décisions qui auront un impact sur la vie des populations sont prises à l'occasion des politiques publiques. Par exemple, la construction d'une autoroute est un choix des autorités publiques, mais l'impact financier et environnemental sur les citoyens fait que ceux-ci sont intéressés à la décision sur les différents aspects du projet (tracé, coûts, délais, nuisances, sécurité, etc.). Au lieu d'attendre que l'infrastructure soit réalisée et que des impacts négatifs commencent à indisposer les bénéficiaires et à donner lieu à des troubles, il est plus efficace d'établir des

[10] Selon la vision de Diakonia, « changer les structures politiques, économiques et sociales qui génèrent l'injustice, l'exclusion et la pauvreté »

concertations avec les bénéficiaires de l'infrastructure au moment de sa conception afin que le projet soit approprié par toutes les parties prenantes. En illustration, l'affaire de l'aéroport Notre Dame des landes en France peut être évoquée[11].

Le schéma suivant proposé par le chercheur Pierre Maurel, présente un cycle de décision qui regroupe des étapes se retrouvant dans presque tous les systèmes de gouvernance politique et administrative.

[11] Un projet d'aéroport à Nantes a été bloqué par les populations. Pour plus d'informations, voir http://www.rue89.com/rue89-planete/2012/02/18/laeroport-de-notre-dame-des-landes-projet-inutile-ou-megalo-229275

Le cycle de decision*

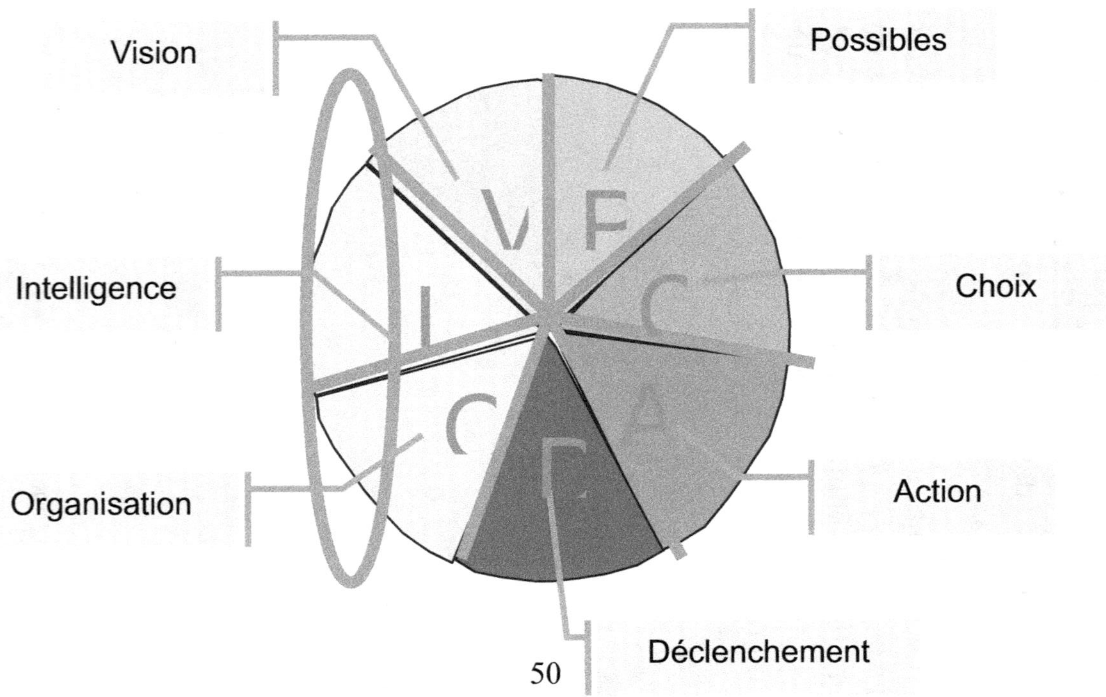

* D'après Pierre Maurel, UMR TETIS (SILAT), repris par Ousmane Agdalla dans sa *Contribution de l'information géographique participative à l'aménagement du territoire et à la citoyenneté au Sahel : cas du Nord-Mali.*Université de Ouagadougou (février 2013), ousmane.agdalla@univ-st-etienne.fr. Les schémas présentés plus haut dans cet ouvrage sont tirés de la présentation d'Ag Dalla

Le cycle de la décision inclut toujours plusieurs paramètres plus ou moins dépendants les uns des autres. Ce qui apparait aux yeux des personnes non averties, c'est une personne (président, ministre) qui prend une décision et celle-ci s'apparente à une volonté individuelle. En réalité, une décision est le fruit de tout un processus de conciliation des intérêts multiples, de normes techniques, d'autres projets en cours ou à venir et surtout des sources de financements, en particulier, pour les pays dépendants de l'aide internationale.

Dans les démocraties en consolidation, il est constaté des distorsions dans le système de décision qui démontre le caractère inachevé de ces démocraties. Les dirigeants tirent leur mandat du vote des électeurs. Ces électeurs sont en même temps les bénéficiaires des politiques publiques que les dirigeants mettent en œuvre. Cependant, les dirigeants font tout pour écarter les bénéficiaires de la décision sur les politiques publiques. Ainsi, les politiques publiques sont peu orientées vers la prise en compte des besoins des bénéficiaires, puisque ceux-ci sont généralement exclus de la décision dans les projets qui les concernent. La participation dans les cycles de décision a fait l'objet de travaux de certains chercheurs comme Arnstein[12] (incontournable dans les études de la participation citoyenne) qui, dans leurs travaux, ont mis en évidence les lieux et les formes des exclusions.

---

[12]Sherry R. Arnstein, *A Ladder of Citizen Participation*, Journal of the American Institute of Planners, vol. 35, n° 4, juillet 1969, pp. 216-224

Figure 2.1 : Niveaux de participation selon Arnstein (Arnstein 1969)
dans Molines, 2003

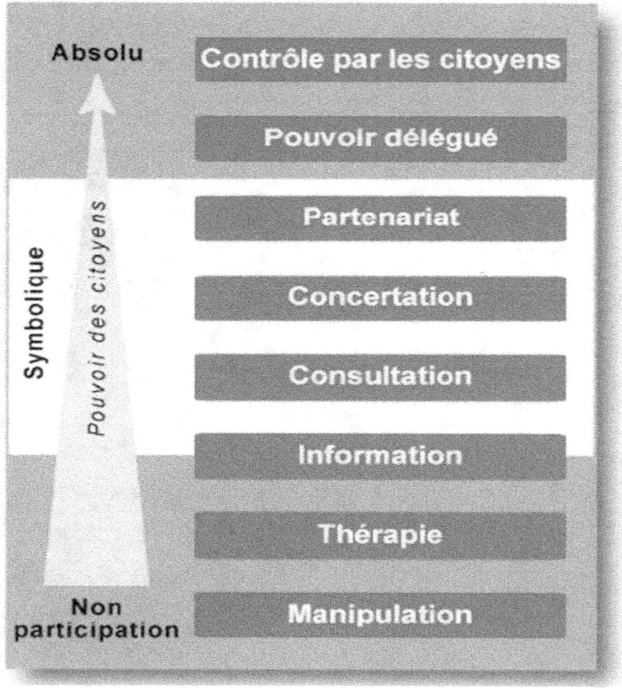

Dans ce schéma, la participation part d'une situation d'exclusion (non-participation) où les citoyens sont manipulés ou, au mieux, informés des décisions, vers une situation idéale (absolu) où a lieu le contrôle citoyen de l'action publique. L'équilibre se trouve dans la dimension symbolique où se déroulent le partenariat, la concertation et la consultation.

Les situations d'écarts ont été révélées dans les travaux de Maurel, que Ousmane Ag dalla, un autre chercheur, reprend dans sa thèse en préparation dont des extraits on fait l'objet d'une présentation à l'université de Ouagadougou[13].

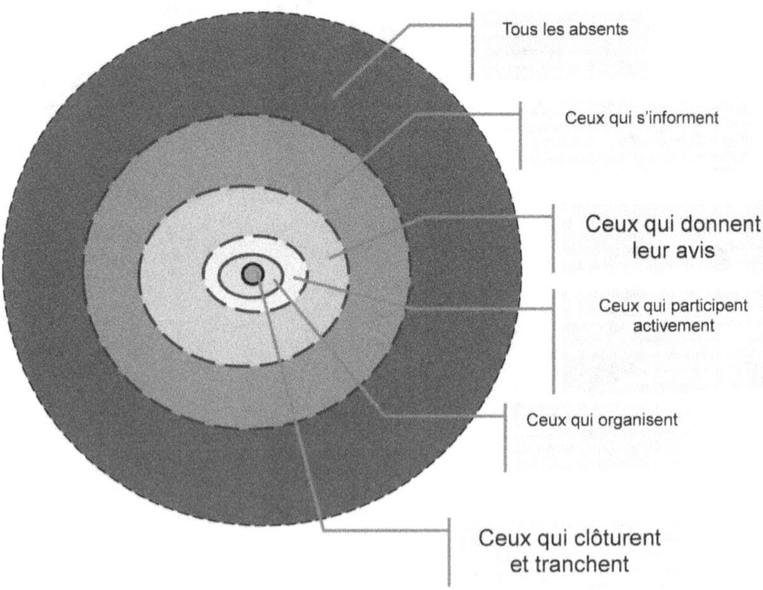

---

[13] Maurel, idem

L'approche de protection des droits humains par la participation citoyenne et le suivi des politiques vise à corriger les écarts qui existent dans le cycle des décisions du fait du politique et des logiques d'intérêts.

La principale difficulté de l'incorporation des politiques publiques dans une approche de protection des droits humains est leur technicité élevée, qui rend leur maîtrise difficile par des non-initiés. Les politiques publiques sont une discipline universitaire incorporée dans les sciences politiques ou les études d'administration publique. Les outils qui servent à les élaborer relèvent dès plusieurs disciplines et sciences (économie, statistiques, géographie, médecine, droit, etc.). Il faut donc certaines capacités pour les maîtriser efficacement. Amener des citoyens non avertis de ces sciences dans les travaux des politiques publiques comporte donc une part acceptable d'incertitude.

À partir du constat de l'exclusion des citoyens de la décision synthétisé à partir des travaux des chercheurs, des questionnements évidents surgissent. Comment corriger les écarts et amener les exclus, de la périphérie du cycle de décision vers son centre, à la prise des décisions ? La nécessité de corriger ces écarts est aussi évidente que le questionnement lui-même. L'exclusion de la majorité de la population des décisions sur des actions qui impactent sur leurs vies est et donne lieu à une injustice. Elle est une injustice parce que le modèle représentatif de la démocratie fait des citoyens les véritables détenteurs du pouvoir politique. Elle est une injustice supplémentaire quand ces populations ne sont pas impliquées dans le processus décisionnel, car il n'y a aucune garantie que leurs intérêts seront pris en compte lors de la conception des projets. Le premier niveau des inégalités se trouve dans les cycles de décisions déséquilibrés. Il importe alors de s'intéresser aux politiques publiques et de les faire investir par les communautés exclues.

Pour aider à dessiner le modèle idéal de processus de décision participatif, on peut se référer à Gupta qui schématise un modèle pluraliste, mais élitiste, qui est celui adopté au Burkina Faso.

Figure. Modèle pluraliste et élitiste d'élaboration de l'agenda (politiques publiques)

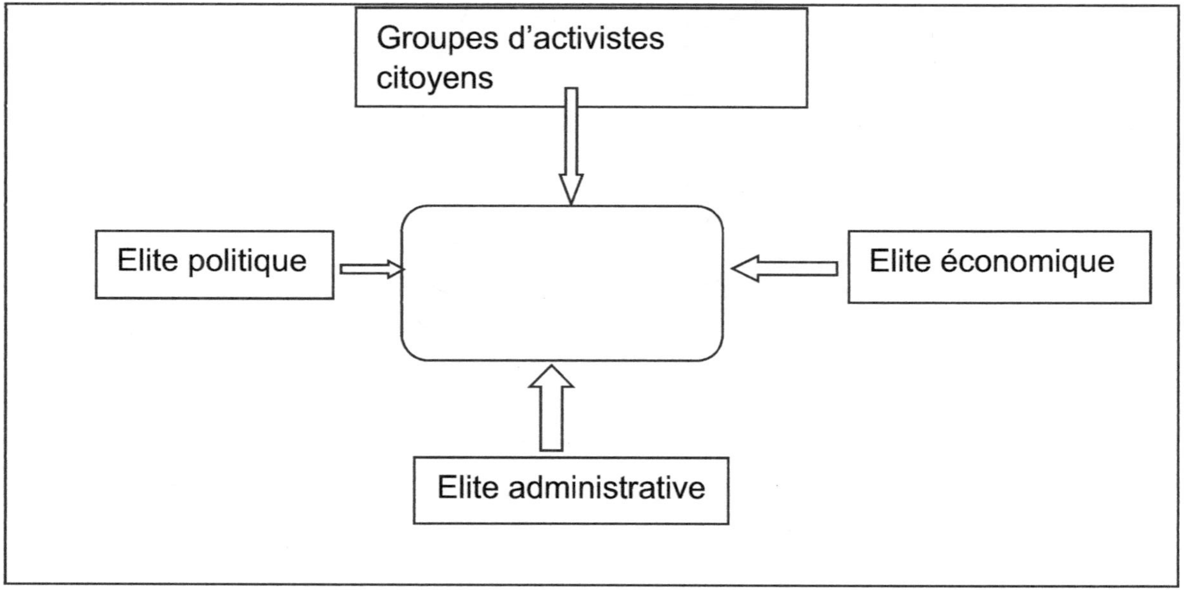

Source : Gupta, 2001

Chapitre 2

Le concept de suivi citoyen des politiques publiques

Le suivi citoyen est la voie opérationnelle de la participation citoyenne qui, elle-même, est la réponse stratégique à la gouvernance déséquilibrée (exclusion) productrice d'injustices et de pauvreté. Il relève d'une philosophie, comporte des justifications, se déroule selon une stratégie, est possible grâce à un contexte juridique et institutionnel particulier (base légale), et maintenant peut présenter une expérience vécue.

1. La philosophie du suivi citoyen des politiques publiques

Le suivi citoyen des politiques publiques vise, en premier lieu, à corriger certains travers de la démocratie représentative et les faibles performances des programmes et projets de développement. En particulier, c'est l'exclusion de la majorité des citoyens des centres de décision, tels que l'a révélé le schéma de Maurel, qui est adressé par le suivi citoyen des politiques publiques. Il s'agit alors d'appliquer les principes fondamentaux de la démocratie en faisant du pouvoir, l'affaire de tous. Le retour de l'effectivité du principe démocratique, c'est l'enracinement populaire des institutions publiques.

La participation citoyenne permet également aux citoyens de faire appliquer et de veiller au respect de la bonne gouvernance dans la conduite du développement. Il est nécessaire ici, de mettre en évidence les relations entre la démocratie et la bonne gouvernance. La démocratie, pour être le pouvoir du peuple par le peuple et pour le peuple, inclut une société politique pluraliste, le multipartisme, les élections équitables, des droits politiques et économiques pour tous les citoyens. La bonne gouvernance, au-delà de l'organisation et du fonctionnement des institutions, porte plus sur la manière de gérer les affaires publiques dans les domaines politique et économique. Elle porte sur la conduite quotidienne des politiques publiques et inclut, dans son analyse, la transparence et le style du management, incluant la personnalité des dirigeants et leurs rapports aux citoyens (imputabilité, redevabilité). Les composants de la bonne gouvernance dans le cadre du suivi citoyen des politiques publiques comprennent plusieurs critères.

La **transparence** de la gestion des politiques publiques (disponibilité des informations publiques pour tous). Son indicateur peut être le nombre de personnes (usagers) ayant réclamé et reçu des informations aux différents services publics pendant une période. Un autre peut aussi résider dans le nombre de postes faits par un service public sur son site web permettant un accès direct et non contrôlé aux informations, ou de visites sur le site web.

L'**imputabilité** des dirigeants désigne leur disposition d'esprit à accepter qu'ils soient débiteurs de comptes dans le cadre d'un mandat reçu des citoyens. Son indicateur est le nombre de fois où une autorité ou un gestionnaire de service public a invité des citoyens à venir recevoir des informations sur la gestion du service public ou un projet de développement. Cela peut aussi être le nombre de rencontres organisées par l'autorité pour délivrer des informations au public, ou tout autre moyen de donner des informations (affichage, internet, etc.).

L'existence et la pratique de la **redevabilité** regroupant l'ensemble des mécanismes et leur fonctionnement par lesquels les citoyens exigent et reçoivent des comptes de leurs dirigeants (amener les gestionnaires à rendre compte). L'indicateur de la redevabilité est le nombre de fois où les citoyens, organisés ou non, ont demandé des comptes à l'administration, par écrit ou par interpellation orale.

La **participation citoyenne** qui octroie le droit à tous les citoyens de prendre part à la gestion des affaires de l'État ou de la collectivité. Cette participation s'organise à travers des cadres de concertation pour le dialogue sur les politiques publiques. L'indicateur en est le nombre de cadres de dialogue existants et fonctionnels et le nombre de leurs sessions sur une période.

La **subsidiarité**, est le principe par lequel, dans le cadre d'un processus de politique publique, un acteur est responsabilisé pour une tâche et l'exécute tant qu'un autre acteur n'est pas mieux qualifié que lui à accomplir cette tâche. La subsidiarité se traduit par une répartition des rôles et des tâches entre les parties prenantes d'un processus selon les spécificités et avantages comparatifs de chacune d'elles. Cet indicateur permet d'évaluer la réalité ou la qualité d'une politique publique, du point de vue du suivi citoyen des politiques publiques, entre les acteurs des politiques publiques. L'indicateur de la subsidiarité est le nombre d'acteurs de différentes natures (État, collectivité territoriale, OSC, entreprises, PTF), prenant part à un projet de développement ET la distribution de missions, de tâches et de moyens à chacune des parties prenantes. Ici, la participation à des rencontres ne suffit pas pour établir la subsidiarité. Il faut que chaque partie prenante soit responsabilisée pour une tâche précise et reçoive le budget pour l'exécuter et puisse rendre compte.

Au vu des critères et des mécanismes de la bonne gouvernance, on peut se rallier à Gilles Paquet selon qui, la gouvernance est une *précaution auxiliaire*[14] dont se munit le peuple contre les dérives toujours possibles du système de démocratie représentative[15].

La participation citoyenne et le suivi citoyen des politiques publiques visent à mettre en œuvre et défendre les **droits citoyens**. Ils sont donc des

---

[14]Gilles PAQUET, *Gouvernance mode d'emploi*, Montréal, Liber, 2008, 364 p

[15] Voir aussi Émile Chartier (Alain), *Le citoyen contre les pouvoirs,* Paris-Genève, Collection Ressources, Stathine Reprints, 1979. Réimpression de l'édition de 1926, 237 pp.

applications de la *Rights Based Approach* (approche basée sur les droits). Ils cumulent deux dimensions de la protection des droits humains, à savoir la mise à disposition des groupes sociaux défavorisés de plus de biens et services et la veille sur les intérêts de ces groupes lors de la formulation des politiques publiques. L'approche basée sur les droits permet d'imposer la justice sociale et économique en amenant les autorités et les gestionnaires des politiques publiques à présenter les résultats de ces politiques publiques selon le RBA.

Un des arguments qui fait du suivi citoyen des politiques publiques une théorie cohérente, c'est qu'elle prend en compte les intérêts des populations, tout en proposant une plus-value de résultats aux conducteurs des politiques publiques. L'intérêt des politiques publiques à la participation citoyenne est donc la garantie du partage des bénéfices et l'occultation des contestations multiples sur les choix. Cet intérêt réside aussi dans la mise en œuvre d'une dimension fondamentale des politiques publiques qui est l'évaluation indépendante. Tout programme, tout projet et toute politique de l'ère participative incluent l'évaluation comme une composante incontournable, qui témoigne de la qualité de celle-ci. Il existe ainsi plusieurs types d'évaluation des politiques publiques.

Tout d'abord, l'évaluation administrative interne. C'est celle qui est mise en œuvre par la structure qui conduit le projet ou la politique et qui lui permet de suivre l'évolution et les progrès du projet. C'est aussi un mécanisme général de la gestion publique qui est confiée à des organes d'inspection des services. Au

Burkina Faso, les inspecteurs des services existent dans chaque département ministériel. Leur activité est coordonnée par l'Inspection générale d'État qui est l'Autorité supérieure de contrôle d'État (ASCE), d'ailleurs aussi chargée de la lutte contre la corruption. Elle est un instrument indispensable de gestion et de pilotage, qui, par un système de mesures et de comparaison, permet d'apprécier les progrès réalisés ou les manques, d'accélérer le rythme d'exécution ou de corriger certaines tendances. Ainsi, tous les projets disposent-ils d'un service de suivi-évaluation, plus ou moins autonome de la direction du projet.

L'évaluation parlementaire relève du domaine politique, au niveau de l'État, pour mettre en pratique le principe du *checks and balances* et celui de la séparation des pouvoirs. La séparation des pouvoirs prévoit, en effet, que les trois pouvoirs soient distincts les uns des autres, et surtout qu'ils se contrôlent mutuellement afin que les abus de pouvoir ne puissent avoir lieu. Le Parlement, dans le cadre d'un système de démocratie libérale, détient des pouvoirs de contrôle sur l'exécutif, à travers des mécanismes comme la responsabilité du président de la République ou du premier ministre devant le parlement, le vote de la loi, les auditions, les questions orales ou écrites, les enquêtes parlementaires, etc. En particulier, le vote de la loi de finance qui autorise le gouvernement à engager les dépenses publiques pour exécuter son programme annuel et la loi de règlement qui lui permet de vérifier la régularité des dépenses en fin d'exercice budgétaire, sont les principaux moyens d'évaluation parlementaire

L'évaluation politique. C'est celle qui est faite par les acteurs politiques au moment où une décision est prise par ceux qui gouvernent. Ce type d'évaluation a surtout lieu au sein du parlement où toutes les formations politiques présentes ont l'opportunité de discuter les choix et les actions de ceux qui conduisent les politiques publiques. L'évaluation politique se fait aussi en dehors du parlement à travers des travaux spécifiques, des interventions dans les médias, des mobilisations autour de tel ou tel sujet. Cette évaluation, quand elle peut se dérouler, donne une qualité élevée à la démocratie, car elle permet de ne pas confiner les politiques publiques dans la stricte confrontation et les compromis politiciens.

L'évaluation judiciaire. C'est celle qui est faite par des organes à caractère juridictionnel, c'est-à-dire ayant le pouvoir de juger et de prendre des décisions exécutoires. Dans le cadre des politiques publiques, la Cour des comptes est l'organe qui, en général, fait l'évaluation judiciaire. Elle examine le rapport d'exécution du budget de l'État avant qu'il ne passe devant le parlement et vérifie la régularité des dépenses engagées par les services de l'État. Au Burkina Faso, la cour des comptes a des pouvoirs de sanction de la gestion publique (administrative et financière) et peut transférer des cas de délits pénaux devant les tribunaux de droit commun.

L'évaluation indépendante. Elle est assurée par des acteurs non étatiques (OSC, bureaux d'études, organisations internationales). C'est le suivi citoyen des politiques publiques qui assure la fonction de l'évaluation indépendante des politiques publiques.

Elle permet aux acteurs décisionnaires de savoir comment les regards extérieurs apprécient leurs activités. Elle permet surtout de formuler les opinions citoyennes sur les politiques publiques et de guider les décideurs dans la conduite de ces programmes.

Le suivi citoyen des politiques publiques permet d'améliorer les **performances des politiques publiques** par les contributions des acteurs non décisionnaires. L'essence de la participation citoyenne dans les politiques publiques est de nature politique (démocratie), mais surtout opérationnelle. Connaître les besoins des bénéficiaires des programmes de développement facilite la planification (qualité, quantité, lieux, périodes, exécutants) des activités et la contribution des destinataires des biens et services apportés par les programmes de développement. Pendant longtemps, dans les pays africains et au Burkina Faso, des infrastructures ont été érigées et n'ont jamais été utilisées par les populations (les banques de céréales dans certaines localités de la province du Soum, au nord du Burkina Faso). Le plus souvent, les choix essentiels ont été faits par l'autorité décisionnaire depuis la capitale et les populations ont vu un jour une équipe débarquer et commencer à construire le bâtiment. À la fin des travaux, ils sont répartis sans rien dire aux riverains qui sont restés éloignés de ce cadeau qu'on leur avait fait malgré eux. Quand il leur a été demandé pourquoi elles n'utilisent pas le bâtiment même pour autre chose que la destination initiale, elles répondent ne pas savoir à qui appartient ce bien.

La participation citoyenne et le suivi citoyen des politiques publiques sont aussi un moyen d'**appuyer et de matérialiser la décentralisation.** Dans les modèles d'État centralisé à l'origine (Allemagne, France), la décentralisation[16] est apparue, à la suite d'un long processus historique et de heurts socio-politiques. Elle se matérialise par :

- un réaménagement de l'espace et des pouvoirs (politiques, administratifs et financiers) aboutissant à une autonomisation rationalisée des parties (géographiques et humaines) du territoire national érigées en personnes morales, en vue d'une meilleure efficacité de l'État et du développement. Les entités créées avec les portions du territoire et de la population nationale sont appelées collectivités. Elles jouissent de la capacité juridique et d'une autonomie plus ou moins grande vis-à-vis de l'État central

[16]Jean-Marc Ohnet, *Histoire de la décentralisation française*, Librairie générale française, Paris, 1996 (ISBN 2-253-90527-5) Joël THALINEAU, "*Essai sur la centralisation et la décentralisation - Réflexions à partir de la théorie de Ch. EISENMANN*, http://tel.archives-ouvertes.fr/index.php?action_todo=search&view_this_doc=tel-00356228&version=1&halsid=30fpu6dtcojsq2u627v8km3k60 Jilali Chabih, *Les aspects financiers de la décentralisation territoriale au Maroc*, Université Cadi Ayyad, Marrakech, 1997, et *Réflexions sur la décentralisation et sa place dans le processus graduel des modes d'organisation du pouvoir dans les sociétés globales*, Université Cadi Ayyd, Marrakech, 2000

- un transfert de pouvoirs (administratifs) et de moyens (financiers, fiscaux, logistiques, etc.) de l'État central vers les collectivités territoriales.

Au Burkina Faso, le principe de la décentralisation est posé dans la constitution du 2 juin 1991 en son article 143 qui dispose que « *le Burkina Faso est organisé en collectivités territoriales* » sans préciser lesquelles et en reportant cette responsabilité sur la loi. C'est la loi N° 055-2004/AN du 21 décembre 2004 portant Code général des collectivités territoriales qui crée deux types de collectivités territoriales : la région et la commune et organise la création et le fonctionnement de ces collectivités. Cinq décrets ont été adoptés en 2009 par le gouvernement matérialisant le transfert des compétences et des ressources aux communes dans les domaines de l'éducation de base, de la santé et de l'approvisionnement en eau.

Une application du suivi citoyen des politiques publiques faite lors d'un atelier organisé par Diakonia en octobre 2012 à Koudougou a permis à des acteurs issus des OSC de faire une analyse du processus de décentralisation du Burkina Faso. Les grands constats faits à cette occasion établissent que :

- Le processus de décentralisation est très lent. Débuté en 1993 par la création de la Commission nationale de la décentralisation, la loi portant Code général des collectivités territoriales n'a été adoptée qu'en décembre 2004 et les cinq décrets portant transferts des compétences et des ressources dans trois domaines seulement n'ont été adoptés qu'en

2009. Les raisons avancées par les autorités reposent sur la progressivité qui est un principe de cette décentralisation selon le CGCT (article 72).

- Le taux des transferts des compétences et des ressources de l'État central vers les collectivités territoriales effectué par les décrets de 2009 est très faible. Sur les onze (11) domaines à transférer aux régions et aux communes, seuls quatre (4) l'ont été jusqu'en 2013. Ce retard dans le transfert des ressources et des compétences est une violation du CGCT en son article 75 qui dispose que « *Le transfert des compétences et des ressources à la région doit être effectif trois ans au plus tard après la mise en place des organes délibérants* ». La communalisation intégrale a eu lieu en 2006 avec les élections municipales qui ont élu les conseils municipaux des 351 communes du pays.

- La décentralisation du personnel (ressources) effectuée par les décrets de 2009 n'est pas vraiment effective. A titre d'exemple, le maire de la commune, qui est supposé être le responsable administratif de l'agent de santé, ne dispose que du pouvoir de l'affecter à l'intérieur de la commune et de lui accorder des autorisations d'absence n'excédant pas trois jours. L'essentiel de son statut administratif (recrutement, traitement, sanction disciplinaire, carrière, licenciement) est assuré par le ministre, autorité centrale. Cela constitue une entrave au plein accès des populations aux services sociaux de base et des heurts surviennent dans le fonctionnement de ces services « décentralisés » Bobo-Dioulasso 2011[17], Séguenega février 2013[18]).

- La décentralisation n'a pas modifié la centralisation politique du pays, car les autorités locales élues restent sous l'autorité d'un gouverneur nommé par le Chef de l'État et représentant celui-ci au niveau local. De même, les organes chargés d'organiser les élections auraient pu être autonomes des structures centrales et relever de la sphère locale. L'étatisme se poursuit aussi avec la persistance du recours à la province dans la gestion administrative du pays alors que cette entité n'est ni constitutionnelle ni légale. Les gouverneurs, s'ils sont nécessaires, devraient être élus au suffrage universel afin de disposer d'un ancrage politique dans la collectivité.

---

[17] A la suite du décès d'une femme en couches dans un dispensaire de Bobo-Dioulasso, les populations en colère ont saccagé et incendié le dispensaire. Les deux agents de santé qui étaient de garde au moment des faits ont écopé de sanctions judiciaires.
http://www.lefaso.net/spip.php?article44379&rubrique4

[18] En avril 2013, dans le dispensaire de Séguenegua, un patient décède en l'absence de l'infirmier anesthésiste. Celui-ci est licencié alors qu'il était en grève au moment des faits. Le syndicat des agents de santé a décrété une grève qui a abouti à la réhabilitation de l'agent licencié

2. Les justifications du suivi citoyen des politiques publiques

Au-delà des éléments de la philosophie qui en donnent des fondements, il existe d'autres justifications pratiques à la participation citoyenne via le suivi citoyen des politiques publiques.

Le suivi citoyen des politiques publiques permet une meilleure appropriation politique et sociale des politiques publiques. L'approche participative qui sous-tend les stratégies de réduction de la pauvreté fait de l'appropriation des stratégies un élément fondamental de leur réussite. Le suivi citoyen des politiques publiques assure la dimension de l'appropriation sociale qui met en cohérence le dispositif des politiques publiques avec le modèle participatif.

Les populations à la base (qui sont aussi parmi les plus pauvres) sont les bénéficiaires des politiques publiques et à ce titre elles sont les mieux placées pour apprécier les retombées de ces politiques. Leur perception des effets des programmes de développement est indispensable à l'évaluation de ces programmes. Il est alors capital d'organiser la collecte de ces perceptions et leur analyse. Dans le cadre du CSLP burkinabé, l'évaluation officielle ne portait que sur les résultats et non sur les impacts comme le demandaient la société civile et les bailleurs de fonds. Sous la SCADD, cette évaluation des impacts est admise, reste à en assurer la sincérité et la conformité, d'où une importance particulière pour l'évaluation indépendante citoyenne.

Les organisations communautaires (Comité de Suivi à la Base) sont les meilleurs témoins de la mise en œuvre des politiques publiques au niveau local (commune). Elles sont indispensables pour témoigner de la mise en œuvre des projets de développement et des activités des services publics. Les rapports produits par les organisations à base communautaire sont des sources d'informations de premier ordre pour suivre les réalisations des projets de développement. Le suivi citoyen des politiques publiques permet d'effectuer le ***reality check*** et d'établir la réalité des investissements et l'efficacité des projets et programmes et d'accroître la confiance des bailleurs de fonds dans les politiques publiques nationales. En effet, il est assez difficile de s'assurer que les subventions accordées au budget de l'État à travers l'appui budgétaire ont bien été investies selon les prévisions budgétaires. Dans un contexte politique où un seul parti politique domine tous les pouvoirs de l'État, les évaluations internes (administratives), parlementaires et même judiciaires présentent des faiblesses à rendre compte de la réalité de la gestion des ressources de l'aide publique au développement.

La participation citoyenne et le suivi citoyen des politiques publiques **donnent un sens** à l'action de la société civile au sein du jeu des acteurs de la démocratie et du développement. Ils sont la mise en pratique de principes démocratiques dans les politiques publiques qui, sans eux, resteraient théoriques et inefficaces. À quoi servirait la théorie du pouvoir du peuple si ce pouvoir ne servait pas à orienter les actions tendant à améliorer la vie du peuple ? À défaut de l'autogestion, l'influence des politiques publiques permet aux populations de défendre leurs intérêts au moment de l'élaboration et la mise en œuvre des programmes de développement.

3. La stratégie du suivi citoyen des politiques publiques

Le suivi citoyen des politiques publiques est une approche stratégique de la protection des droits humains dans un contexte de démocratie représentative et de développement participatif. Il s'agit de se fonder sur les espaces disponibles dans le cadre juridique et la gouvernance politique pour « forcer » la prise en compte des intérêts des groupes exclus de la décision dans les politiques publiques. Cette stratégie comporte plusieurs éléments et exigences qui sont autant d'objectifs opérationnels.

Développer une identité citoyenne autonome. Dans les pays africains en général, et depuis les processus de démocratisation de 1990, le discours officiel fait état de la participation de tous les citoyens dans la gestion des affaires publiques. Dans la réalité, les citoyens courants et même les leaders des organisations de la société civile n'ont pas développé une conscience d'acteurs à part entière de la gouvernance défendant un agenda spécifique. Les représentants citoyens se conçoivent comme des acteurs de seconde catégorie, devant attendre l'ordre d'agir des dirigeants politiques. Cette fausse posture réduit l'impact de la société civile et justifie la promotion de la participation citoyenne et du suivi citoyen des politiques publiques.

Organiser et soutenir les communautés et les OSC pour qu'elles s'impliquent dans les politiques publiques. En partant du besoin pour les communautés de s'impliquer dans la gestion de leur commune, le dispositif du suivi citoyen des politiques publiques part du plus bas niveau vers les centres de décision qui sont le plus souvent situés dans la capitale. Les communautés servent de témoins des programmes et projets de développement, et sur la base des constats, interpellent les gestionnaires locaux et nationaux. Elles ont besoin, pour cette action, d'être renforcées avec des outils de suivi et des démarches de plaidoyer.

Agréger les productions des OSC. Le suivi citoyen des politiques publiques fait de la contribution des branches thématiques de la société civile une nécessité stratégique et opérationnelle. Plus la base des contributions au suivi des programmes et projets de développement est large, plus les données seront diversifiées et l'assise statistique confortable. L'aspect démocratique est aussi à considérer. Plus le nombre des OSC qui participent au suivi des politiques publiques est grand, les propositions qu'elles font lors de l'élaboration des politiques publiques aura des chances d'être prises en compte par les décideurs. La participation citoyenne et la redevabilité ne peuvent être mises en œuvre sans la légitimité.

Suivre les politiques gouvernementales. Le suivi des politiques gouvernementales est l'activité centrale du suivi citoyen des politiques publiques. Le gouvernement, dans le cadre d'un État républicain en démocratisation, est l'acteur responsable de la conduite des actions de développement. Il est l'interlocuteur des donateurs de l'aide publique au développement et est aussi responsable des choix stratégiques et des actions de développement. Le suivi citoyen des politiques publiques s'inscrit dans un contexte d'État de droit et respecte le cadre institutionnel proposé. Ainsi, il n'est pas un objectif, pour les acteurs du suivi citoyen des politiques publiques, de se substituer aux décideurs, qu'ils reconnaissent comme issus d'un processus légal et démocratique. Les analyses faites dans le cadre du suivi citoyen des politiques publiques ont pour objet les politiques élaborées par les dirigeants élus démocratiquement. Elles sont, ainsi, plus des analyses de régularité technique de la gestion et de conformité aux choix énoncés, que d'opportunité, qui relèvent des acteurs partisans (exemple, discuter d'une option comme construire des échangeurs au lieu de subventionner les prix des céréales).

Réaliser des études et des travaux indépendants. Les études sont le principal outil du suivi citoyen des politiques publiques. C'est par elles qu'il est possible de procéder à un suivi systématique d'une politique publique, c'est-à-dire d'en couvrir toutes les dimensions et toutes les périodes utiles. D'autre part, les politiques publiques font un usage élevé d'instruments de planification et d'évaluation, il est alors indispensable que les acteurs du suivi citoyens des politiques publiques soient au niveau des producteurs de ces politiques publiques et maitrisent les mêmes outils. Les études sont le moyen de mesurer les progrès ou les insuffisances et d'en faire la démonstration avec des preuves vérifiables. Elles sont aussi le meilleur outil de plaidoyer, car elles touchent un large public dans une période étendue.

Formuler des positions citoyennes et les faire connaître. Les produits du suivi citoyen des politiques publiques sont le moyen d'expression des catégories habituellement exclues du débat, de placer leur mot dans la gouvernance politique et le développement. Des outils comme le Citizen Policy Review sont, en effet, un condensé d'analyses, de plaidoyers et de recommandations de la société civile sur les principales politiques publiques.

Influencer les politiques publiques. Le but réel du suivi citoyen des politiques publiques et de la participation citoyenne est d'influencer les politiques publiques pour les rendre pro-communautaires et orientées vers les droits socio-économiques des populations. En reconnaissant ne pas être les conducteurs des politiques publiques, les acteurs de la participation citoyenne ont fait l'option stratégique de l'influence des politiques publiques pour mettre en pratique les précautions auxiliaires de Gilles Paquet.

4. La base légale du suivi citoyen des politiques publiques

L'intérêt de traiter de la base légale de la participation citoyenne et du suivi citoyen des politiques publiques réside dans le constat des obstacles manifestés chez les citoyens africains à tirer profit du cadre juridique largement incitatif disponible pour protéger leurs droits qui connaissent, néanmoins, de nombreuses violations. Les expériences d'organisation des communautés en vue du suivi citoyen des politiques publiques se sont souvent butées aux réticences des membres de ces communautés à s'engager dans ce travail. Pourtant, dès leurs indépendances et malgré l'existence de régimes politiques autoritaires, les États africains ont dû se conformer aux usages universels qui enserraient l'État dans un nœud de contraintes et d'obligations vis-à-vis de leurs citoyens. Le renouveau démocratique de 1990 a accru ces exigences de protection des droits des citoyens avec l'adoption de multiples instruments juridiques de diverses natures.

Il est accepté que dans le renforcement des capacités des groupes humains, la motivation tient une place de premier plan. Il faut expliquer aux membres du groupe pourquoi ils doivent s'engager dans telle ou telle action. La manière de présenter les motivations et les intérêts est très importante dans toute activité de mobilisation sociale. Dans l'exemple spécifique de la mobilisation pour le suivi citoyen, un obstacle devait être surmonté. Les populations sont encore largement sous le coup des relations État dominateur – citoyen dominé qui a prévalu en Afrique les cinquante premières années des indépendances, mais dont l'origine remonte à l'État colonial. Dans cette configuration, le citoyen se contentait de subir l'État, y compris dans la jouissance de ses droits pourtant qualifiés d'universels. Les Africains du milieu rural gardent de la puissance publique les stigmates de la rigueur et des obligations multiples sans aucune contrepartie de quelque nature que ce soit (impôt de capitation). Ces populations redoutent tout contact avec l'administration publique qui pourtant est supposée être à leur disposition pour les accompagner. C'est par cette déviance de la nature et du rôle de l'État en Afrique que la mise en évidence de la base légale est indispensable dans l'organisation de la participation citoyenne et du suivi citoyen des politiques publiques. Il doit être expliqué aux communautés que s'investir dans l'action publique est une entreprise tout à fait autorisée par les mêmes pouvoirs publics qu'elles craignent et qu'elles sont entièrement fondées à aller voir dans la casserole le plat qu'on leur cuisine.

Ainsi, dans les pays africains et au Burkina Faso, la base légale de la participation citoyenne et du suivi citoyen des politiques publiques existe bel et bien et elle trouve ses sources à la fois aux niveaux supranational et national.

4.1. Les instruments universels

Les principales références de portée universelle fondant le droit de la participation politique sont la Déclaration universelle des droits de l'homme adoptée et proclamée par l'assemblée générale des Nations unies du 10 décembre 1948, le Pacte international relatif aux droits civils et politiques fait à New York le 19 décembre 1966, le Protocole facultatif se rapportant au pacte international relatif aux droits civils et politiques et les Principes d'Istanbul de 2010.

L'article 21 de la Déclaration universelle des droits de l'homme alinéa1 affirme : « *Toute personne a le droit de prendre part à la direction des affaires publiques de son pays, soit directement, soit par l'intermédiaire de représentants librement choisis* ». La même règle est reprise, en l'état, par l'article 25 du Pacte international relatif aux droits civils et politiques. Le Protocole facultatif se rapportant au Pacte international relatif aux droits civils et politiques est l'instrument contractuel permettant la mise en œuvre des dispositions de la Déclaration et du Pacte. Ce droit politique fondamental reconnu par des instruments juridiques universels, sans être assorti d'un régime de sanction, a obtenu une valeur normative dans les droits nationaux des États membres des Nations Unies. Ainsi, plusieurs constitutions, lois et règlements de ces États membres reprennent les principes et des passages de ces instruments et consacrent des droits au profit de leurs citoyens.

Avant elle, une source plus ancienne, la Déclaration universelle des droits de l'homme et du citoyen de 1789, édicte le droit, pour tous les citoyens, " *de constater, par eux-mêmes ou par leurs représentants, la nécessité de la contribution publique [et] d'en suivre l'emploi* (...) " (art. 14), et stipule que " *la société a le droit de demander compte à tout agent public de son administration* " (art. 15).

Des instruments juridiques continentaux et régionaux constituent également des sources de légalité de la participation citoyenne et du suivi citoyen des politiques publiques. On peut retenir à ce niveau la Déclaration de Paris[19], la Déclaration de Bamako[20], la Charte africaine de la démocratie, des élections et de la bonne gouvernance[21], le Protocole additionnel de la CEDEAO de 2001 sur la bonne gouvernance[22]. Dans la

---

[19]Déclaration de Paris sur l'efficacité de l'aide au développement adoptée au Forum de haut niveau du 28 février au 2 mars 2005

[20] Déclaration de Bamako du 3 novembre 2000 adoptée par les ministres et chefs de délégation des États et
gouvernements des pays ayant le français en partage, réunis à Bamako pour le Symposium international sur le bilan des pratiques de la démocratie, des droits et des libertés dans l'espace francophone

[21]Charte africaine de la démocratie, des élections et de la bonne gouvernance adoptée par la huitième session ordinaire de la Conférence tenue le 30 janvier 2007 à Addis-Abeba

[22] Protocole A/SP1/12/01 sur la démocratie et la bonne gouvernance, additionnel au Protocole relatif au Mécanisme de

mouvance du processus sur l'efficacité de l'aide/développement, les OSC se sont dotés de règles devant guider leur action. Ce règlement a été adopté le 29 septembre 2010 à Istanbul lors du Forum sur l'efficacité de l'aide des OSC. Le principe 3 incite les OSC à soutenir la participation des populations aux processus publics.

4.2. Le corpus burkinabé

Le retour au régime constitutionnel à partir de 1991 a permis de renforcer la base légale de la protection des droits humains du Burkina Faso. Cette reprise du processus démocratique a surtout mis le droit burkinabé en conformité avec les tendances internationales. Dans cette lancée, plusieurs instruments permettent aujourd'hui aux citoyens burkinabé de s'impliquer dans la gestion des politiques publiques et d'y défendre leurs droits.

La Constitution

L'article 12 de la Constitution du 2 juin 1991 est la règle la plus emblématique de la participation citoyenne, elle dispose que : « *Tous les Burkinabè sans distinction aucune ont le droit de participer à la gestion des affaires de l'État et de la Société* ». Cette règle, de la plus haute portée juridique au niveau national, est le fondement de toutes les initiatives de

---

prévention, de gestion, de règlement des conflits, de maintien de la paix et de la sécurité fait à Dakar le 21 décembre 2001

participation citoyenne et de suivi citoyen des politiques publiques.

L'article 145 dispose également que « La loi organise la participation démocratique des populations à la libre administration des collectivités territoriales ».

Les Lois

Un Code général des collectivités territoriales a été adopté en décembre 2004 et organise la décentralisation. Ce texte a respecté l'esprit de la constitution en ce qui concerne la participation citoyenne. Les articles 11, 12 et 134 notamment, du CGCT prévoient expressément le droit des citoyens et des associations à participer aux différents organes de décision de la commune. Les citoyens peuvent assister aux sessions du conseil municipal. Il existe donc des mécanismes d'interaction entre le citoyen et le conseil municipal, plus ou moins efficaces selon le contexte (plaidoyer préalable aux sessions, communications, lobbying, etc.). L'information sur le budget et les comptes de la commune, l'accès aux séances du Conseil municipal, l'obtention des copies des documents sont les principaux domaines de la participation citoyenne que permet le CGCT dans les articles évoqués.

Article 11 : Les habitants de la collectivité territoriale ont droit à l'information sur la gestion des affaires locales. Ce droit s'exercer par :

1. une animation de débats publics sur les projets et programmes locaux de développement et sur les grandes orientations du budget local ;

2. la mise à la disposition des personnes physiques ou morales du budget et des comptes des collectivités territoriales ;

3. l'accès du public aux séances des Conseils des collectivités territoriales, à l'exception de celles tenues à huis clos ;

4. la publication des délibérations du Conseil et des actes des autorités locales relative au budget, à la création des établissements publics locaux, aux emprunts, à la coopération décentralisée, aux accords passés avec l'État ou avec des partenaires extérieurs, à l'acceptation des dons et legs et à la prise de participation dans toute société ; toute personne peut obtenir à ses frais, copies desdits documents auprès du Président du conseil de la collectivité ou de tout service public habilité.

Le droit à l'information des habitants sur les affaires locales s'exerce sous réserve des dispositions en vigueur relatives notamment à la publicité des actes des autorités locales, ainsi qu'à la liberté d'accès aux documents administratifs.

Article 12 : Le conseil de la collectivité territoriale peut créer des organes de concertation sur tout problème d'intérêt local. Ces organes de concertation comprennent des personnes qui peuvent ne pas appartenir au conseil, notamment des représentants des associations locales, des notabilités locales, des personnalités compétentes dans les domaines traités.

Le conseil fixe les missions et la composition de ces organes sur proposition du président du Conseil régional ou municipal.

Ces organes ont un rôle consultatif.

Les règlements

Les règlements comprennent divers actes pris par des autorités administratives exécutives dans le cadre de la gestion des domaines publics. Ils comprennent les décrets, les circulaires, les décisions, les notes, les lettres, etc. Plusieurs d'entre eux peuvent servir de base légale à la participation citoyenne et au suivi citoyen des politiques publiques.

Le Décret N° 2009-838/PRES/PM/MEF/MATD du 18 décembre 2009, portant création, attributions, composition et fonctionnement de cadres de concertation pour le développement rural décentralisé. Ce décret est de la plus haute importance pour la participation citoyenne et le suivi citoyen des politiques publiques. En effet, il instaure les cadres de concertation entre les collectivités territoriales, les services déconcentrés de l'État, les organisations de la société civile et le secteur privé et les partenaires techniques et financiers (organisations internationales) exerçant au niveau local. Le décret 838 créé les Cadres de concertation régionale et les cadres de concertation communale. Les compétences de ces cadres de concertation en font de véritables parlements virtuels décentralisés. Leur potentiel de participation citoyenne est également très élevé. Pour le Cadre de concertation régionale, il a été évalué une participation citoyenne de 68%. Si les acteurs non étatiques exploitent cet espace mis à leur disposition, la gouvernance locale et la protection des droits humains ne peuvent que se bonifier.

Le Décret portant création, attributions, organisation et fonctionnement du dispositif institutionnel de suivi et d'évaluation du Cadre stratégique de lutte contre la pauvreté et son remplaçant, le décret 2011-809/PP.ES/PM/MEF portant organisation du dispositif institutionnel de suivi de la Stratégie de croissance accélérée et de Développement durable. Ces deux textes ont prévu la participation de représentants de la société civile burkinabé dans les instances décisionnelles du CSLP puis de la SCADD. Ces ouvertures ont permis à la société civile d'être présente lors des principales phases d'évolution des cadres de politiques gouvernementales de promotion socio-économique et de lutte contre la pauvreté. Depuis avril 2006, les OSC sont présentes lors des Revues annuelles du CSLP et ont pris une part décisive dans la révision du CSLP de 2010 qui a abouti à l'adoption de la SCADD.

Le Plan national de bonne gouvernance 1998-2003 adopté par le Décret N° 98-437/PRES/PM/MFPDI est le document opérationnel de la Politique nationale de bonne gouvernance. C'est un texte capital qui, par les programmes, projets et activités qui y étaient inscrits, avait permis la mise en mouvement d'actions relevant de la bonne gouvernance et de la participation citoyenne.

La Politique nationale de bonne gouvernance courant jusqu'en 2015. La politique nationale de bonne gouvernance définit les orientations et pose les principes de la bonne gouvernance incluant la participation citoyenne. C'est un texte de référence qui devrait influencer tous les autres textes juridiques de l'État.

Comme on peut le voir, le cadre juridique du Burkina Faso est suffisamment permissif à la participation citoyenne et au suivi citoyen des politiques publiques. Au plan purement textuel, le Burkina Faso est plus avancé que certains pays de la sous-région ouest-africaine dont les processus de démocratisation sont néanmoins plus consolidés (Ghana, Sénégal, Bénin). Ces stratégies de la société civile peuvent ainsi aisément être développées au Burkina Faso dans un contexte influencé par les évolutions universelles qui, elles-mêmes prévoyaient ces interventions des citoyens dans l'action publique.

5. Notions voisines et distinction conceptuelle

Le suivi citoyen des politiques publiques est une adaptation et une application contextuelle de la notion de contrôle citoyen de l'action publique qui se définit comme «… ***toute action de la part des citoyens ou des***

organisations de la société civile (OSC) qui vise à contrôler l'action publique ou à obliger l'État à rendre comptes aux citoyens ». Cette définition induit les obligations mentionnées plus haut, d'imputabilité des dirigeants ou des gestionnaires vis-à-vis des citoyens. Est également induit le droit des citoyens à exiger d'être informés et à recevoir des comptes de la part de ceux qui ont reçu la responsabilité de la gestion des ressources publiques (redevabilité).

Le contrôle citoyen se différencie, par nature, du contrôle institutionnel exercé par le parlement et l'appareil judiciaire et à l'auto-évaluation de l'État.

Dans la foulée de la conceptualisation et de l'opérationnalisation de la bonne gouvernance dans les contextes des pays pauvres en développement, les institutions internationales en charge du développement ont prévu des mécanismes de contrôle externe relevant de la légitimité démocratique pour compléter les dispositifs de l'État. Le contrôle citoyen de l'action publique procède de cette logique. Il se fonde sur l'idée de la participation des bénéficiaires dans les actions qui leur sont destinées. Ainsi, la Banque Mondiale définit la participation comme le processus par lequel les parties prenantes peuvent contrôler, et influer sur,

- l'établissement des priorités,
- l'élaboration des politiques,
- l'affectation des ressources et
- l'accès aux biens et services publics.

De manière plus précise, il faut considérer la participation comme la possibilité (juridique) pour les citoyens, individuellement ou par groupes, n'agissant pas pour le compte d'un organisme public (étatique), de prendre part à un processus public (politique, développement). Le principe de la participation emporte des obligations au chef des parties prenantes :

- **une obligation** des acteurs étatiques de prévoir et organiser la participation des autres acteurs (sociaux et privés) de rendre compte de leur gestion aux citoyens ;

- **un droit** des citoyens ou des clients à contribuer aux politiques, suivre leur exécution, évaluer les actes publics et interpeller les exécutants.

Une telle participation citoyenne se situe au cœur de la notion de bonne gouvernance et ne produit ses effets les plus significatifs que dans ce modèle/système de gestion politique. Ceci parce que la participation n'est pas un simple droit au profit des citoyens. Elle leur fait également des devoirs d'exercer ces droits qui leur ont été concédés. Pour que la démocratie et la bonne gouvernance produisent les effets escomptés sur la société et le développement, elles doivent être équilibrées. Cela suppose que tous les acteurs, en particulier la société civile, jouent les rôles qui leur reviennent. Les citoyens et la société civile doivent par exemple suivre la gestion des ressources publiques, évaluer les programmes et projets et éventuellement interpeller, informer ou s'opposer. Car comme le dit si bien Antoine Bevort[23], un sociologue, ancien syndicaliste et militant, « *la démocratie n'est pas un sport de spectateurs* ». Ainsi, la société civile qui est la voix et représente les intérêts des citoyens dans le jeu de la gouvernance, entre autres tâches, porte la responsabilité de contrôler l'action des gouvernants.

Par l'expérience, le contrôle se différencie légèrement du suivi citoyen par des rapports plus rigides entre les débiteurs des droits (acteurs et pouvoirs publics) et les porteurs de droits (citoyens créanciers de droits). Dans le contrôle citoyen de l'action publique, les acteurs non étatiques se constituent nettement en pouvoir distinct de la puissance publique et appliquent, presque sans ménagement, leurs droits au compte rendu de la part des dirigeants. Et les rapports entre les deux types d'acteurs sont plus distants, plus formels, au gré des rencontres officielles. Le contrôle citoyen recourt à des actions fortes (manifestations, pétitions, etc.) le cas échéant, pour faire entendre la voix des citoyens. Le suivi citoyen implique la reconnaissance de l'autorité de l'État par les acteurs citoyens et une dose de complicité entre les acteurs citoyens et l'État, liées aux très nombreuses interactions que ces deux acteurs sont obligés d'avoir autour des politiques publiques. Sans abandonner leurs buts de suivi des politiques publiques, et tout en restant fermes sur leurs agendas, les OSC de

[23] Antoine Bevort, *Pour une démocratie participative*, Presses de Sciences Po, Collection La Bibliothèque du citoyen, 2002. 136 pages.

cette approche finissent par intégrer quelques « vertus » de la diplomatie et du politiquement correct. Les deux modèles de participation citoyenne dépendent aussi du contexte socio-politique du moment. Contrôle citoyen en temps de crise et de baisse de confiance entre les autorités et les citoyens et suivi citoyen dans les temps où les circonstances permettent le développement.

Une condition incontournable à la fois du suivi et du contrôle citoyens est la construction d'une identité de la société civile. Cette étape qui semble évidente est généralement loin d'être acquise dans les pays africains, où le besoin est pourtant grand. En s'engageant dans le jeu de l'action publique, la société civile doit développer une mentalité d'autonomie et de différenciation par rapport aux autres acteurs de la scène publique (État, secteur privé). Elle doit se considérer comme un acteur à part entière, distinct des autres acteurs et défendant un programme spécifique. C'est cette autonomie qui permet de parler de dialogue sur les politiques publiques, car si les acteurs de la société civile, comme bien souvent, se comportent en substituts ou affidés du pouvoir politique, le jeu est faussé et la gouvernance participative devient une pantomime pour tromper les bailleurs de fonds. Des objectifs, des valeurs et des intérêts à protéger ainsi que des techniques spécifiques permettent à la société civile de se distinguer, d'investir l'action publique et d'y insuffler la socialité qui fait très souvent défaut dans l'État moderne.

6. Outillage théorique pour le suivi citoyen des politiques publiques

Intervenir dans les politiques publiques est le meilleur moyen pour un acteur citoyen à la fois de défendre les droits humains et de contribuer à l'amélioration de ses conditions et milieu de vie. Tous les citoyens peuvent effectuer une participation à tous les niveaux. Cependant, la participation citoyenne pratiquée par les OSC doit adopter un caractère professionnel pour répondre aux exigences de résultats et celles du dialogue sur les politiques. Les acteurs qui voudraient s'engager dans le suivi citoyen des politiques publiques sont dans l'obligation de maîtriser à fond au moins une des sciences du développement (dures ou soft). L'efficacité dans le suivi citoyen des politiques publiques dépend, en grande partie, des connaissances de type encyclopédique de son acteur. Ceux-ci gagneraient donc à se plier aux efforts de mise à niveau théorique en assimilant quelques sciences et techniques « générales » indispensables.

La **philosophie politique** permet de connaître les grands courants philosophiques et les idées politiques. C'est elle qui permet de comprendre les choix stratégiques des équipes dirigeantes et de décrypter l'action gouvernementale ou les orientations de la politique internationale. Aucune grande tendance des politiques publiques n'est en dehors d'une catégorie au moins de la philosophie politique.

La **pensée prospective, stratégique, et géopolitique** permet d'analyser les enjeux sous-tendant les actions des grandes puissances en dehors de leurs frontières. Le plus souvent, la géopolitique détermine des situations et environnements politiques dans les pays fragiles et ignorer cet aspect fait perdre une bonne partie des déterminants de l'analyse et ne permet pas de développer la bonne position.

La **sociologie** ou sa pratique, la **science de l'action sociale**, sont indispensables à tout acteur qui ambitionne d'agir dans l'espace public. Leur avantage est inestimable pour analyser les forces et les courants sociaux et comprendre les événements de la vie publique.

L'**économie politique**. Pour un contexte de pauvreté nationale et de luttes pour sa réduction, l'économie politique est la science des dirigeants. Elle forme à la conception des politiques publiques et doit être complétée par la sociologie au moment où les politiques publiques sont devenues participatives.

La **communication politique** et le **plaidoyer politique** sont les armes des leaders. Elles dispensent les techniques pour faire passer les idées, convaincre les partenaires, influencer les publics.

La **planification stratégique**. Elle est indispensable à tout leader et gestionnaire d'OSC en tant qu'outil de la structuration et de la mise en cohérence de la vision, des objectifs et du fonctionnement quotidien de l'organisation.

La **gestion de projet**. Science de l'animation des organisations de la société civile et de la conduite des activités, elle permet de mesurer la plus-value d'une organisation, d'une équipe ou d'un manager.

Dans la perspective du renforcement des capacités de la société civile pour le suivi citoyen des politiques publiques, quelques conditions générales doivent être appliquées. Il s'agit d'appliquer une approche pragmatique du renforcement des capacités, qui, au fil du temps, s'est précisée et porte plus loin que la formation classique. Il couvre (1) l'éveil de conscience (2) le transfert de techniques et (3) le lien opérationnel avec l'action.

Chapitre 3

La pratique du suivi citoyen des politiques publiques

L'expérience qui peut être présentée en illustration de la protection des droits humains par la participation citoyenne et le suivi citoyen des politiques publiques s'est déroulée au Burkina Faso. Elle a eu lieu au moment de l'accession du Burkina Faso à l'initiative Pays pauvre très endettée en 2000. Dans le principe de ce mécanisme d'accompagnement des pays en difficultés, se profilait dès la conception, la problématique du suivi des investissements sociaux qui devraient se faire grâce à cet appui financier des Institutions Financières Internationales. En effet, comment s'assurer que les financements obtenus de l'annulation de la dette en contrepartie de l'engagement du gouvernement à effectuer des réalisations socio-économiques seraient concrétisés ? Cette préoccupation était celle des défenseurs des droits humains soucieux de l'état de la protection des droits de la deuxième génération dans un pays chroniquement en difficultés dans ce domaine. D'où l'idée de mettre en place un mécanisme citoyen de redevabilité des acteurs publics à l'occasion de la mise en œuvre du Cadre stratégique de lutte contre la pauvreté. Des activistes se sont investis dans cette initiative et en 2003, un Projet d'appropriation sociale du CSLP a été soumis à DIAKONIA, une ONG suédoise intervenant depuis 1987 au Burkina Faso et dont le crédo est « *changer les structures politiques, économiques, sociales et culturelles injustes qui génèrent la pauvreté, l'oppression et les violences* ». Dans le cadre de la coopération entre les partenaires au développement intervenant au Burkina Faso, la coopération allemande, à travers le DED[24], a adhéré au projet sur la base de l'engagement de cette structure dans une initiative tout à fait similaire qui se déroulait au Ghana voisin. En 2005, au moment où le partenariat entre le groupe d'activistes burkinabè et les PTF avait pris forme, un voyage d'études du groupe d'OSC burkinabé engagées dans le suivi des fonds PPTE a eu lieu à Tamalé (Ghana) en vue de tirer leçon de l'expérience du Ghana HIPC Watch[25] qui avait mis en place un dispositif communautaire de suivi du CSLP ghanéen.

À l'issue de ce voyage d'études, le groupe d'OSC burkinabé a avancé dans la réflexion sur les objectifs, le cadre organisationnel et la méthodologie d'intervention. En mars 2006 a eu lieu la création du Cadre de concertation des OSC pour le suivi du CSLP

[24] Le DED a été supprimé en 2010 et remplacé par la GIZ qui regroupe toutes les anciennes agences de développement allemandes dans les pays africains.
[25] Observatoire ghanéen de suivi des fonds PPTE, OSC régionale ghanéenne soutenue par SEND FOUNDATION

(CdC/CSLP[26]) et l'élaboration d'un cadre logique d'intervention et d'un plan d'action triennal.

En février 2007, le premier financement a été obtenu du DED et de DIAKONIA et a permis le début des opérations. Les membres du CDCAP ont décidé de garder un caractère informel au départ et la formalisation (reconnaissance administrative) n'est intervenue qu'en novembre 2008 par onze OSC/ONG nationales. Il s'est structuré autour de quelques organes qui sont : l'Assemblée générale, le Conseil d'administration, le Secrétariat exécutif et les Comités de suivi à la base.

La stratégie de mise en œuvre de la participation citoyenne et du suivi citoyen des politiques publiques est le suivi à la base qui met en action les communautés à la base et les OSC. Dans cette stratégie, les comités de suivi à la base sont le fer de lance.

1. Le comité de suivi à la base

Les comités de suivi à la base sont des organisations communautaires de base qui agissent dans le cadre du CDCAP dont ils sont membres. Ce sont **les organes à travers lesquels les citoyens ou populations à la base** s'impliquent dans

[26] Le CDC/CSLP se transformera en 2011 en Centre de suivi et d'analyses citoyens des politiques publiques (CDCAP)

l'identification, la mise en œuvre et le suivi/évaluation des **actions de développement au niveau local.** Chaque CSB est rattaché à une organisation membre du CDCAP qui est appelée **Organisation focale** (OF) et qui en assure la responsabilité opérationnelle.

Chaque CSB est composé de tous les habitants d'une commune qui voudraient prendre part à la gestion de la commune. Le bureau du CSB est formé de douze personnes désignées selon les catégories sociales (femmes, jeunes, chefferie, droits humains, etc.) en assemblée générale villageoise par vote ou par consensus. L'aire géographique d'intervention du CSB est la commune. Afin de s'adapter au schéma des politiques publiques du pays (CSLP, SCADD), les CSB ont été progressivement installés dans les communes chefs-lieux de région, afin d'assurer le dialogue sur les politiques que les cadres de concertation régionale permettent d'avoir. En effet, les dispositifs de suivi des politiques publiques nationales ne sont pas toujours fonctionnels au niveau communal et s'arrêtent, le plus souvent, à la région.

Les missions du CSB sont :

Participer à la gouvernance locale. Profitant des ouvertures à la participation que présentent la décentralisation et les règlements régissant le dialogue entre l'État et les acteurs non étatiques, les CSB organisent les populations et formulent les avis citoyens sur les projets proposés par le conseil municipal. Cette participation à la gouvernance locale permet au CSB de :

- servir d'interlocuteur représentant les partenaires sociaux auprès des décideurs locaux ;

- s'impliquer dans l'identification, la conception et le suivi/évaluation des actions de développement, dans le cadre de la lutte contre la pauvreté, dans leur commune ;

- collecter des données sur la mise en œuvre des programmes et projets de développement au niveau local, le fonctionnement des services publics. Les CSB élaborent des rapports sur les données qu'ils ont collectées qui sont disséminés auprès de divers acteurs. Les rapports de collecte des données sont ensuite centralisés par le secrétariat du CDCAP qui les capitalise et s'en sert pour élaborer les rapports nationaux ;

- faire le plaidoyer au niveau local sur des problématiques d'intérêt local et prendre part aux dynamiques nationales.

Rencontre entre le CSB de Bama et le Conseil Municipal de Bobo-Dioulasso en 2009

Faciliter la sensibilisation des populations locales sur les questions et actions de lutte contre la pauvreté à travers les assemblées générales de restitution des résultats de la collecte de données

Accompagner les initiatives locales et nationales de lutte contre la pauvreté

Défendre les droits humains en temps réels.

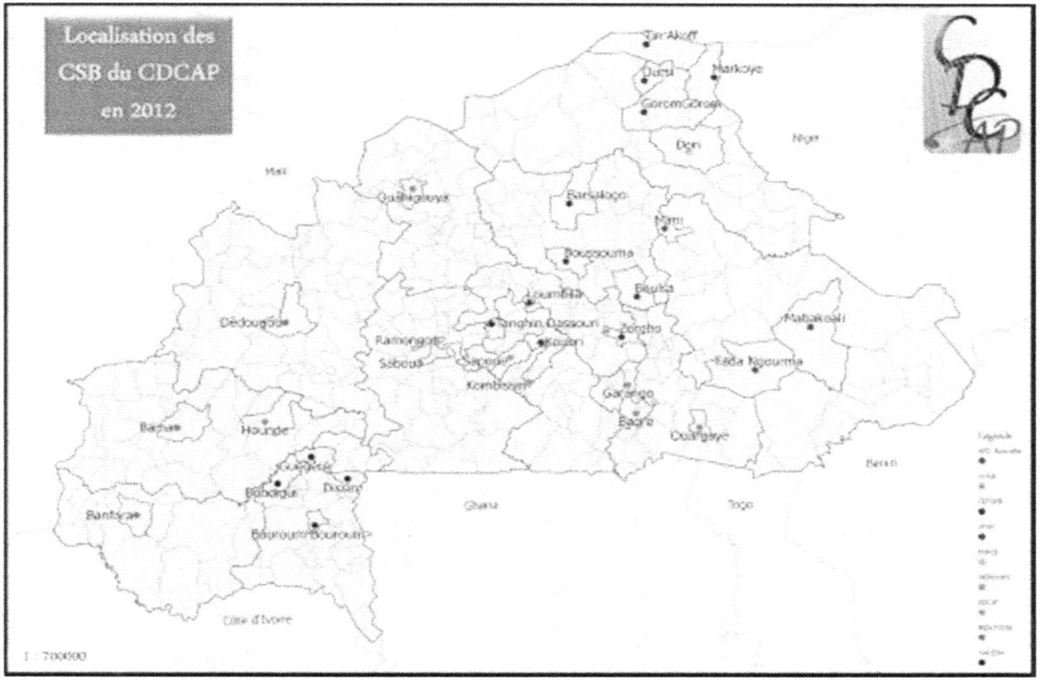
Localisation des
CSB du CDCAP
en 2012
Tin Akoff
Markoye
Dori
Niger
Mali
Barsalogo
Boussouma
Dédougou
Ramongo
Sabou
Kombissiri
Garango
Bagré
Ouargaye
Houndé
Bantara
Ghana
Togo
Bénin
Côte d'Ivoire
1 : 7000000

2. Mode opératoire du suivi a la base

Le dispositif du suivi citoyen des politiques publiques est parti de la constitution du réseau d'OSC qui a ensuite mis en œuvre les étapes suivantes du processus. La conception de la démarche, des outils, la mobilisation des acteurs ont été les phases principales du processus de mise en place du CDCAP.

Le suivi des politiques publiques se fait à deux niveaux géographiques et de politiques publiques incluant plusieurs activités. Il s'agit des niveaux local (région et commune) et national. Le Centre de suivi et d'analyses citoyens des politiques publiques (CDCAP) opère depuis 2004 dans le suivi citoyen des politiques publiques. Son expérience lui a permis de formaliser un protocole de suivi qui part du niveau local (communes et régions) vers le niveau national (gouvernement central). Le processus du suivi citoyen des politiques publiques comprend plusieurs étapes.

(1) La création du réseau (organisations de la société civile) de suivi citoyen des politiques publiques comprenant des OSC agissant dans des thématiques diverses. Cette étape se complète par l'élaboration d'une stratégie d'intervention

(2) La mise en place de Comités de Suivi à la Base (CSB) par des assemblées générales communautaires où les objectifs et le mode

opératoire du suivi à la base sont expliqués aux citoyens ainsi que les avantages qu'ils peuvent tirer de leur participation à l'action publique locale

(3) Le renforcement des capacités des membres du bureau et des autres citoyens de la commune en suivi à la base, sur des thèmes complémentaires (Approche basée sur les droits, genre) et sur les principales politiques publiques du moment. Les citoyens sont informés des objectifs quantitatifs des programmes et projets des autorités publiques afin d'avoir des références pour juger des performances de ces autorités

(4) La collecte de données par les CSB au niveau local sur les activités et le fonctionnement des services publics (éducation, santé, eau potable, etc.). Les cibles de ces collectes de données sont les populations en tant qu'usagers des services publics, les services techniques déconcentrés et les autorités locales

(5) L'élaboration de rapports de collecte de données ou d'état des lieux de réalisations d'infrastructure ou de fonctionnement de services publics. Ces rapports sont adoptés en séances publiques ouvertes à tous les acteurs de développement local

(6) La finalisation des rapports de suivi local après les restitutions publiques et les ajouts d'informations et leur transmission aux acteurs locaux, régionaux et nationaux

(7) Le plaidoyer au niveau local. Les multiples données collectées au niveau local et national et leur analyse servent à élaborer des rapports qui sont utilisés par les CSB et le CDCAP pour faire des plaidoyers sur diverses thématiques (mortalité maternelle et infantile, corruption, transparence, etc.). Ainsi, les résultats de la collecte des données servent directement au plaidoyer portant sur des droits humains

(8) La collecte de données au niveau central qui se fait auprès des services centraux (ministères, institutions) par les Organisations membres du CDCAP ainsi que par le secrétariat du réseau. Les données collectées au niveau central permettent de comparer les réalisations sur le terrain avec les prévisions faites dans le cadre des politiques publiques. Ces données sont les documents de politique sectorielle, les plans opérationnels, les rapports d'activités et les prévisions budgétaires. Elles sont aussi des sources d'informations complémentaires de celles collectées au niveau local

(9) L'élaboration et la publication du Rapport national de suivi. Les trouvailles des comités de suivi à la base et des OSC servent à élaborer un rapport national présentant les vues citoyennes

sur les politiques publiques. Le Citizen Policy Review (CPR)[27] est la forme qu'a prise ce rapport national de suivi. Il structure les avis citoyens sur les politiques publiques selon deux rubriques : la gouvernance politique et le développement socio-économique. Le CPR sert aussi de rapport alternatif à ceux produits par les acteurs étatiques

(10) Le forum des OSC/ONG. C'est une rencontre des OSC en prélude aux cadres nationaux de dialogue sur les politiques publiques. À l'approche de la revue annuelle du CSLP ou de la SCADD, plusieurs OSC se rencontrent pour (1) capitaliser les actions des OSC entrant en adéquation avec le programme gouvernemental (2) formuler le point de vue des citoyens sur certains aspects des politiques publiques. À cette occasion, des inputs sont collectés et mis en cohérence pour l'élaboration de la Contribution des OSC à la Revue annuelle

(11) Le plaidoyer politique au niveau national et la participation aux instances de pilotage des politiques publiques. Les données collectées par les CSB, les OSC du CDCAP et toutes les autres OSC permettent d'enrichir le plaidoyer de la société civile et de participer de manière efficace aux cadres de dialogue sur les

---

[27] La première édition du Citizen Policy Review 2010 – 2011 propose des analyses citoyennes sur plusieurs thématiques

politiques publiques. Au Burkina Faso, les OSC ont été impliquées, en application de l'approche participative des programmes et projets de développement, à la conduite de ces programmes et projets, depuis le début des années 2000. Depuis 2006, des représentants de la société civile participent effectivement aux cadres de pilotage des politiques publiques (Revue annuelle de la SCADD et autres). Cette participation leur permet de représenter les citoyens, de pratiquer le suivi des politiques publiques et de faire le plaidoyer sur certaines thématiques d'actualité.

(12) Les politiques et actions des départements ministériels permettent aux acteurs non étatiques d'interagir avec le département concerné et même d'être responsabilisés pour certaines activités (ministère de la Santé et celui de l'éducation notamment)

(13) Les Cadres sectoriels de dialogues (CSD) qui ont remplacé les Commissions sectorielles et thématiques (CST) regroupent plusieurs départements ministériels pour constituer un secteur. Quinze CSD ont été définis. Les CSD sont les organes préparatoires de la Revue annuelle de la SCADD et proposent les rapports à mi-parcours sectoriels qui serviront à élaborer le rapport annuel de la SCADD. Dès les CSD, les OSC prennent part

au dialogue sur les politiques publiques et peuvent effectuer des apports, critiquer l'action du gouvernement et même, parfois, faire monter certains thèmes d'actualité dans l'agenda public

(14) La Pré-Revue. Cette instance a été introduite en 2009 en raison des difficultés que rencontraient les Revues annuelles à adopter un format efficace. Pendant plusieurs années, les revues annuelles donnaient lieu à des travaux qui auraient dû relever de phases préparatoires et amoindrissaient la dimension politique de la revue annuelle. La pré-revue a été instaurée en 2009 pour permettre de traiter certains aspects (compléments d'information) et de consolider le rapport annuel de la SCADD avec les résultats des travaux des Cadres sectoriels de dialogue (CSD) et les contributions des autres acteurs avant d'aller à la revue annuelle, séance véritablement politique.

(15) La Revue annuelle. La Revue présente une dimension politique évidente. Il s'agit de présenter le rapport annuel de mise en œuvre de la SCADD de l'année écoulée et de recueillir les appréciations des acteurs partenaires (PTF, OSC, secteur privé, collectivités territoriales). Le gouvernement soumet à l'appréciation de ses partenaires son bilan d'activités, de résultats et d'impact selon la politique de développement durable qu'il a proposé (CSLP,

SCADD). La société civile et le CDCAP en particulier a participé à ces revues annuelles en tant qu'elles organisent le dialogue sur les politiques publiques et y a fait des contributions résultant des collectes d'avis des communautés et des OSC.

Développement

Mise en oeuvre du cadre stratégique de lutte contre la pauvreté

Que retenir de la participation de la société civile ?

(16) La révision du CSLP 2010. Le CSLP avait prévu une révision tous les trois ans. Ces révisions permettent d'effectuer des évaluations des performances de la politique de développement et de réduction de la pauvreté. Elles permettent surtout de procéder à des réajustements de fonds des objectifs, des méthodes et des approches du cadre de politique publique. Le troisième exercice de révision qui a eu lieu en 2010 a permis de se rendre compte que les progrès étaient trop insuffisants et surtout trop lents pour contrebalancer la pauvreté de manière acceptable. Sur la base de ces constats, la stratégie de croissance accélérée (SCADD) a été adoptée en 2010 et a remplacé le CSLP. La société civile a pris une part très active dans le processus de révision en nourrissant le processus des critiques sur les objectifs et les orientations et en faisant ressortir les insuffisances du CSLP. Les tâtonnements dans le format du CSLP qui ont fait évoluer le dispositif de suivi presque chaque année n'ont pas permis une évaluation de qualité. De plus, les performances de l'économie du pays étaient trop timides pour atteindre les résultats projetés. Le dialogue social était inscrit dans les textes, mais la pratique démontrait des réticences de certaines autorités à réellement considérer la société civile comme un *stakeholder* (partie prenante). Plus que tout, les OSC ont souligné le hiatus entre les instruments de politique publique adoptés par le gouvernement et le fonctionnement quotidien des services publics qui n'intériorisent

pas ou très peu le cadre de politique en vigueur. Au résultat, les objectifs fixés par les décideurs dans leurs différents documents restent marginaux dans l'action publique, influencée par les pratiques non conformes. Les droits humains continuent de souffrir de l'action publique malgré tous les efforts consentis. Cela suggère l'adoption de stratégies citoyennes plus audacieuses afin que le principe acquis du dialogue sur les politiques produise les effets escomptés.

(17) La documentation et la dissémination. La diffusion des opinions et des réalisations de la société civile est une étape importante de son action. La plupart du temps, les champs d'intervention et les résultats sont tellement étendus que l'espace du dialogue sur les politiques publiques n'est pas suffisant pour les rendre publics. De plus, le public participant à ce dialogue est restreint et élitiste. L'essentiel de la cible de la société civile ne participe pas aux sessions du dialogue sur les politiques publiques. Il faut alors organiser la diffusion du travail de la société civile et des communautés. Les acquis réalisés dans les communes ou les opinions des citoyens de ces collectivités sur la gouvernance locale ou même nationale doivent être rendus publics pour produire des effets sur les libertés et les droits humains. Cette diffusion dépasse la simple communication et relève de véritables relations publiques. Elle se fait selon de multiples canaux, de manière continue à travers les sites

web, les articles de journaux, les conférences de presse, les tables rondes).

La disponibilité d'espace de participation citoyenne ne résout pas définitivement toutes les difficultés du progrès socio-économique ni ceux de l'auto promotion des groupes défavorisés. Dans le cas du Burkina Faso, l'espace disponible est assez peu utilisé par les citoyens. Et surtout, ils en tirent peu de profits réels, se contentant, la plupart du temps, pour les rares qui participent, de marquer physiquement les sessions du dialogue, sans songer à marquer ce dialogue de leur empreinte. Ainsi, la participation citoyenne peut rester un vain mot, si les bénéficiaires ne sont pas préparés à en tirer profit. Une vraie initiation au progrès social par la participation citoyenne est ici nécessaire et ceux qui en ont saisi la substance, ont quelques acquis à présenter. En presque une décennie d'existence et d'activités, le CDCAP a engrangé quelques acquis, doit toujours faire face à certaines limites et des défis, mais se situe, plus que jamais dans la perspective du changement social.

(Ci-dessous aux deux pages suivantes) :

- Procès de la participation citoyenne et du suivi citoyen des politiques publiques

- Les armes du suivi citoyen des politiques publiques : le Trident du CDCAP

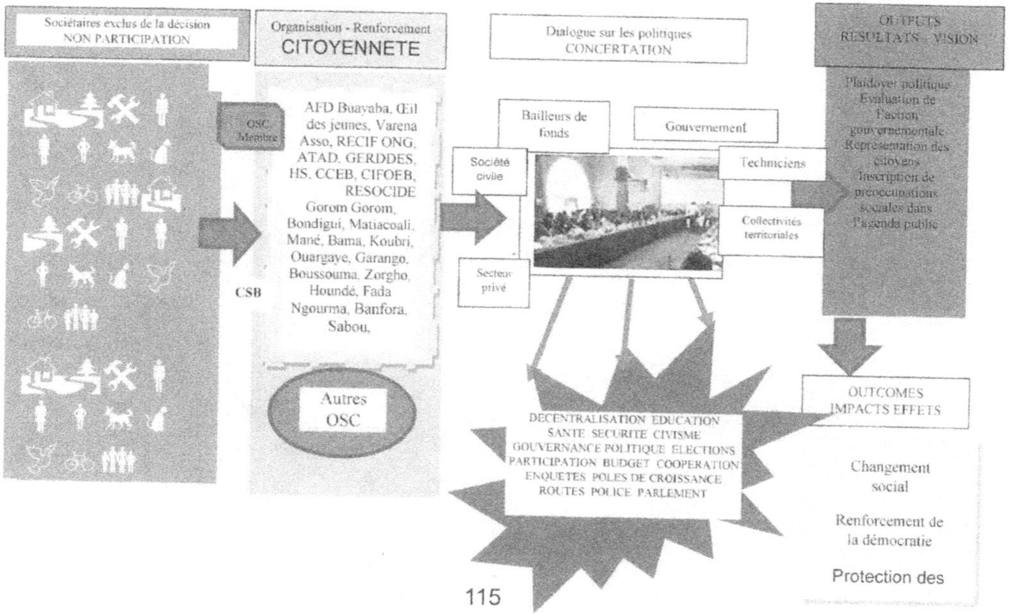
Sociétaires exclus de la décision
NON PARTICIPATION
Organisation - Renforcement
CITOYENNETE
Dialogue sur les politiques
CONCERTATION
OUTPUTS
RESULTATS - VISION
OSC Membre
CSB
AFD Buayaba, Œil des jeunes, Varena Asso, RECIF ONG, ATAD, GERDDES, HS, CCEB, CIFOEB, RESOCIDE
Gorom Gorom, Bondigui, Matiacoali, Mané, Bama, Koubri, Ouargaye, Garango, Boussouma, Zorgho, Houndé, Fada Ngourma, Banfora, Sabou,
Autres OSC
Bailleurs de fonds
Gouvernement
Société civile
Techniciens
Collectivités territoriales
Secteur privé
Plaidoyer politique
Evaluation de l'action gouvernementale
Représentation des citoyens
Inscription de préoccupations sociales dans l'agenda public
OUTCOMES
IMPACTS EFFETS
DECENTRALISATION EDUCATION
SANTE SECURITE CIVISME
GOUVERNANCE POLITIQUE ELECTIONS
PARTICIPATION BUDGET COOPERATION
ENQUETES POLES DE CROISSANCE
ROUTES POLICE PARLEMENT
Changement social
Renforcement de la démocratie
Protection des

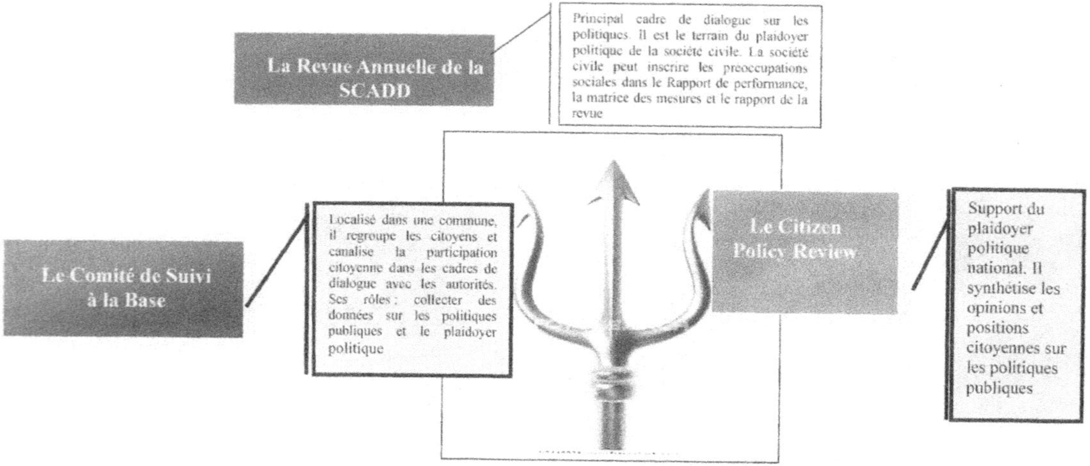
La Revue Annuelle de la SCADD
Principal cadre de dialogue sur les politiques. Il est le terrain du plaidoyer politique de la société civile. La société civile peut inscrire les preoccupations sociales dans le Rapport de performance, la matrice des mesures et le rapport de la revue
Le Comité de Suivi à la Base
Localisé dans une commune, il regroupe les citoyens et canalise la participation citoyenne dans les cadres de dialogue avec les autorités. Ses rôles : collecter des données sur les politiques publiques et le plaidoyer politique
Le Citizen Policy Review
Support du plaidoyer politique national. Il synthétise les opinions et positions citoyennes sur les politiques publiques

3. Acquis et leçons apprises

Les rapports d'activités annuels présentent le détail des réalisations du CDCAP, tant au niveau local qu'au niveau national. Les progrès sont décelables à l'intérieur de l'organisation ainsi que dans son impact sur les cibles visées.

Le développement organisationnel. D'abord construit selon le modèle informel, le réseau a fini par se formaliser afin d'atteindre un niveau élevé d'action. Son existence formelle est intervenue en décembre 2008 avec l'adoption des textes organiques, la reconnaissance et la capacité juridique. Les organisations membres du CDCAP occupent toutes, par leur orientation de création, un domaine thématique précis dont elles sont souvent chargées au sein du réseau. Le CDCAP dispose d'un siège fonctionnel, d'équipements et d'un personnel qui constitue l'équipe exécutive. Cette équipe assiste techniquement les organisations membres dans la mise en œuvre des activités, capitalise celles-ci en vue des rapports et travaille sous la direction d'un conseil d'administration qui définit les orientations et évalue les actions.

Le CDCAP a mis en place plusieurs structures décentralisées (CSB) qui sont ses bras armés au niveau communal. En 2013, il en existe cinquante et un (51) disséminés dans autant de communes et sur les treize (13) régions que compte le Burkina Faso.

Les CSB ont réalisé plusieurs collectes de données ainsi que des opérations de plaidoyer dans leurs communes d'intervention dont certains ont fait changer des situations. Le tableau suivant propose quelques cas de plaidoyers menés par les CSB. En plusieurs endroits (Zorgho, Koubri, Bama), les membres du CSB ont exprimé leur vive excitation à prendre part à cette entreprise de la participation par le suivi citoyen des politiques publiques. Ils auraient aimé pouvoir avoir plus d'activités, mais se déclarent fondamentalement très satisfaits de pouvoir prendre part à l'action publique de leur cadre de vie. Le fait de pouvoir discuter directement avec les autorités en charge de la gestion de la commune est une réalisation inespérée jadis pour eux.

La mobilisation des fonds. Le réseau CDCAP a réussi, par son approche inédite, à susciter l'intérêt des bailleurs de fonds. Dès la conception du projet d'appropriation sociale du CSLP qui a été le point de départ de l'initiative du CDCAP, les bailleurs de fonds ont été intéressés à l'idée et l'ont soutenue. Le premier soutien est venu de Diakonia, ONG suédoise œuvrant au Burkina Faso depuis 1987 pour le changement social. Ensuite, GIZ (coopération allemande), a adhéré à l'initiative et a encadré les premiers pas avec DIAKONIA. Plusieurs années après, le National Democratic Institute des États Unis a financé un projet de renforcement des femmes élues dans quelques communes du pays que le CDCAP a mis en œuvre. À partir de 2010, la coopération suédoise au Burkina Faso à travers l'Agence suédoise pour le développement international[28] (ASDI) est venue apporter des ressources substantielles qui ont permis au CDCAP de passer à une dimension supérieure de son intervention. Un plan stratégique a été élaboré et mis en œuvre par séquences triennales. À partir de 2010, d'autres bailleurs de fonds se sont présentés et ont manifesté un intérêt à l'action du CDCAP. Des nouveaux programmes seront ainsi mis en œuvre et permettront d'élargir le spectre d'action du CDCAP.

Le CDCAP a réussi à intégrer le cadre national des politiques publiques. L'intégration des cadres de dialogue sur les politiques publiques était, dès le départ, un objectif stratégique et opérationnel substantiel de l'approche développée par le CDCAP. En effet, non seulement les cadres de dialogue permettent de mettre en œuvre la participation citoyenne dans les politiques publiques, en plus, elles offrent aussi l'occasion d'influencer les politiques publiques de manière dynamique. Le CDCAP, de par son activité dans le domaine des politiques publiques, a été présent lors des revues annuelles du CSLP et de la SCADD du Burkina Faso depuis avril 2006. Son président est également membre du Comité de Pilotage de la SCADD, instance décisionnelle la plus élevée de la SCADD où siègent sept (7) ministres du gouvernement burkinabé. La revue 2013 a été une occasion pour le CDCAP de

[28] La pugnacité de Stina Karltun alors représentante de ASDI au Burkina Faso a été déterminante dans cet appui

s'illustrer comme une structure de référence du suivi citoyen des politiques publiques. La pré-revue du 12 avril 2013 a vu une intervention du représentant du CDCAP aux côtés de deux autres représentants de la troïka société civile. Entre autres sujets[29], il a proposé au gouvernement de « Tout transférer d'ici 2015 » dans le secteur de la décentralisation. Les transferts de ressources et des compétences prévus par le Code général des collectivités territoriales de 2004 ont connu une application d'environ 10% jusqu'en 2012, empêchant un décollage réel de plusieurs communes. À la revue annuelle du 30 avril, le CDCAP a également demandé l'adoption d'une loi sur le « Tout énergie pour la croissance » qui permettrait aux particuliers, aux entreprises et aux ONG de développer des projets visant l'utilisation des énergies renouvelables aux fins industrielles, commerciales et domestiques. En ce moment, l'électricité relève du monopole de l'État, via la société nationale d'électricité qui depuis dix ans, n'arrive plus à assurer une fourniture convenable de l'électricité aux industries, aux services et aux ménages. Malgré ses difficultés, le département de l'énergie n'a pas encore « libéralisé » l'électricité. Le

[29] La mise en œuvre des cadres de concertation régionaux et communaux par une planification et une allocation budgétaire conséquente. Ce point a aussi été évoqué par le représentant des Directeurs régionaux de l'économie et du développement (DRED) du ministère de l'Économie et des Finances.
La nécessité d'accorder plus de volonté politique à la question de la corruption en lançant, notamment, une étude d'évaluation de l'incidence de la corruption sur l'économie nationale.

ministre de l'énergie interpellé a répondu à cet appel du CDCAP en donnant l'information de l'exonération de tous les équipements intervenant dans l'énergie solaire pendant cinq ans par le ministère de l'Économie et des Finances, afin que les énergies renouvelables viennent compléter les efforts de la SONABEL dans la fourniture de l'électricité. Encore un domaine à suivre par les OSC et les citoyens. À la même revue annuelle, le CDCAP a évoqué la question du format de la revue qui posait quelques contraintes. En effet, la revue annuelle de la SCADD se déroule autour du Rapport de performances présenté par le gouvernement à ses partenaires. Du même coup, les intervenants sont contraints de rester dans le champ délimité par ce rapport, et certaines questions d'actualité et ouvertes pour lesquelles les leaders de la société civile sont interpellés par les citoyens (manifestations sociales, crise universitaire, utilisation des revenus du secteur minier, etc.) sont difficiles à faire monter dans l'agenda public. Il s'ouvre alors deux possibilités : soit le format de la revue annuelle est modifié afin d'y incorporer un volet sur les questions ouvertes d'actualités, soit il conviendrait d'organiser de manière régulière (annuelle) le cadre de dialogue politique de haut niveau entre le gouvernement et la société civile qui n'a, jusque-là, connu qu'une seule édition (2011). Du 15 au 17 mai 2013, des rencontres se sont tenues pour finaliser la matrice des mesures et des indicateurs de la SCADD. Le 16 juillet 2013, une cérémonie de paraphe de la matrice des mesures et des indicateurs de la SCADD a eu lieu au ministère de l'Économie et des Finances. Cet événement est à signaler puisque pour la toute première fois, l'instrument de planification et d'évaluation de la SCADD a été signé par tous les acteurs du développement, parties prenantes du dispositif de pilotage du cadre national de politiques publiques.

Cette étape est capitale dans le processus de la gouvernance participative, car une fois les acteurs non étatiques devenus signataires des plans de développement, ils pourront plus aisément faire passer leurs points de vue, représenter les communautés jusque-là exclues des cercles de décision et défendre les droits humains.

Le CDCAP a aussi, pendant cinq ans, été membre du Comité de pilotage du programme de renforcement de la Société civile (PROS) mis en place par l'Union européenne et doté de neuf milliards de francs CFA. Cette position lui a permis d'être présent dans des projets très importants comme la modification de la loi portant liberté d'association au Burkina Faso et de faire prévaloir une position de défenseur de la liberté d'association qui était en passe d'être restreinte par la relecture de la Loi 10/92 de 1992. La relecture n'a pas eu lieu et la loi 10/92 continue à régir le secteur de la liberté d'association[30].

L'une des plus importantes leçons apprises de la participation aux cadres de dialogues sur les politiques publiques a été qu'avec la participation citoyenne et le suivi citoyen des politiques publiques, le plaidoyer que pratiquent les groupes de la société civile prend une nouvelle dimension, jusque-là pas très pratiquée au Burkina Faso. Le plaidoyer des

---

[30] La loi 10/92 est emblématique du renouveau constitutionnel au Burkina Faso. Elle a été adoptée immédiatement après l'adoption des lois organiques créant les institutions du pays, et a été l'un des premiers produits de la nouvelle Assemblée nationale. Elle consacre un régime de liberté d'association de type déclaratif qui a mis fin à un régime d'autorisation préalable et a permis une éclosion des associations dans la période qui a suivi. La position de la société civile était que si la loi ne peut pas être améliorée, elle devrait rester en l'état et ne pas prendre le sens de la restriction de la liberté d'association que voulait imprimer le gouvernement. Au cas où la relecture serait inévitable, les praticiens de la société civile ont proposé les modifications pertinentes tirées du vécu quotidien

acteurs non étatiques ne peut avoir une valeur opérative qu'à l'intérieur du cadre institutionnel du dialogue sur les politiques publiques. Il faut, pour cela que les OSC arrivent à intégrer les cadres prévus à cet effet. Les cadres de concertation communaux et régionaux ainsi que les instances de la SCADD, en particulier la revue annuelle, sont les voies pertinentes pour faire avancer les causes populaires. Les engagements pris par les pouvoirs publics dans ces cadres ont toutes les chances d'être mis en œuvre, ce qui n'est pas le cas lorsque le plaidoyer se déroule dans un cadre informel où l'autorité n'est soumise à aucune force contraignante. Du même coup, le suivi des effets du plaidoyer s'en trouve facilité puisque l'acteur responsable doit rendre compte dans une échéance précise. Les démarchent que les OSC entreprennent auprès de certaines autorités en vue de faire prendre en compte une préoccupation se perdent, très souvent, dans de la simple sensibilisation. L'autorité n'étant pas dans un carcan institutionnel de redevabilité, seule sa sensibilité au dialogue la conduit à considérer les interpellations citoyennes dans son travail. Et les bailleurs de fonds, au Burkina Faso, ont fini par le comprendre, à tel point que la revue annuelle de la SCADD est devenue l'objectif stratégique de dialogue politique numéro un. La matrice des mesures et le rapport de performances sont les deux cibles clés de la coopération au développement. Car c'est là où il y a le plus de chances de faire rendre certains comptes au gouvernement, d'obtenir de la transparence et surtout de lui faire inscrire les mesures clés dans l'agenda gouvernemental. Pendant longtemps, ils ont travaillé dans des cadres sectoriels, restreints et peu transparents. Les résultats, il faut reconnaitre qu'il y en a eu, étaient très lents et très difficiles à faire accoucher.

Le plaidoyer de la société civile se doit donc d'être recentré sur les cadres institutionnalisés dédiés au dialogue sur les politiques publiques pour gagner en efficacité. Les autres formes d'interpellations se rapportent plutôt à la sensibilisation. Une illustration en est le secteur minier. Dans le contexte burkinabé, deux questions majeures sont discutées par les populations. Les interrogations portent sur les montants perçus par l'État au titre des revenus miniers (fiscaux et non fiscaux) et leur redistribution pour réduire la pauvreté, et la responsabilité sociale des entreprises minières, notamment concernant les impacts sociaux (fonciers, production et environnement) des activités minières. Certaines OSC se sont engagées dans le travail de la responsabilité sociale des entreprises en utilisant la démarche primaire de plaidoyer. L'exigence de la responsabilité sociale des entreprises dans le secteur minier doit d'abord s'intéresser au cadre légal enserrant l'activité des entreprises minières au Burkina Faso. L'État étant le partenaire direct des mines et celui qui signe les conventions et reçoit une part des bénéfices, il est la cible principale de l'action en redevabilité des OSC. C'est lui qui peut imposer aux entreprises minières des obligations au titre de leur responsabilité sociale et peut exiger leur respect, sous peine de suspendre les conventions. Dès que le ministère de l'Énergie et des Mines aurait accepté certaines mesures portant sur la responsabilité sociale des entreprises, toutes ces entreprises sur le territoire national seront dans l'obligation d'appliquer ces mesures. Une action en direction des entreprises par la société civile, ne peut, au mieux, que relever des relations publiques de ces entreprises, qui redoreraient ainsi leur image. En rappel, le terme et les techniques du plaidoyer viennent du monde judiciaire. Ce sont les activités, la rhétorique et les arguments déployés par un justiciable dans le cadre d'un jugement, pour faire entendre sa cause, éclairer et influencer la décision du juge et faire pencher celle-ci en faveur de ses propres intérêts. Partant de ces origines, le plaidoyer de la société civile, et c'est une leçon apprise du processus du suivi citoyen des politiques publiques, doit être politique et s'arrimer aux cadres légaux en place.

Le positionnement dans la société civile nationale et sous-régionale. Dans le fil de son développement organisationnel, le CDCAP ne s'est pas confiné dans son espace originel et a tendu à mobiliser d'autres OSC en vue d'instaurer une dynamique citoyenne forte pour le suivi citoyen des politiques publiques qu'il ne saurait endosser entièrement à lui tout seul. Le CDCAP a ainsi pris une part très active, de 2008 à 2010 à l'initiative du Cadre unitaire de la société civile burkinabé. Ce mouvement visait à doter la société civile d'une structure faîtière permettant le regroupement des différentes familles d'OSC en vue de sa meilleure représentation dans la participation citoyenne. En vue de produire le CPR, outil de plaidoyer politique de qualité, le CDCAP recherche toutes les synergies possibles avec les autres OSC en vue d'une part d'engranger les résultats de leurs propres travaux, et d'autre part d'accroitre la base du plaidoyer. La réalisation de la vision du CDCAP qui est « *des OSC et des communautés influencent les politiques publiques selon leurs intérêts* » implique une base très large d'appropriation sociale des politiques publiques.

La régionalisation. Cette étape a été réalisée à travers la Conférence internationale sur l'influence des politiques publiques par la société civile organisée au cours de la célébration des vingt-cinq années de DIAKONIA au Burkina Faso. La conférence s'est tenue du 9 au 13 juillet à Léo[31] et a regroupé une centaine de participants, principalement les organisations financées par DIAKONIA auxquelles se sont jointes des organisations d'autres pays (Sénégal) et à caractère régional (WACSOF/FOSCAO). Plusieurs partenaires techniques et financiers ont aussi participé à la conférence (PNUD régional, WaterAid, la Banque africaine de développement). Le ministère de l'Économie et des Finances du Burkina Faso a parrainé une activité de la conférence afin de démontrer la connexion entre le travail des OSC et les pouvoirs publics. La conférence, du point de vue du contenu, a procédé à une capitalisation des actions d'influence des politiques publiques par les OSC. Un

[31] Ville située à 160 kilomètres de Ouagadougou la capitale

manuel a été produit retraçant les activités de la conférence dans le but de disséminer quelques résultats de la société civile dans l'optique du changement social.

La dimension régionale est un élément de stratégie découlant de l'approche participation citoyenne pour la protection des droits humains. Dans la sphère supranationale, les États comme le Burkina Faso et en général, ceux d'Afrique sont plus influençables que dans le cadre national où des logiques politiciennes et parfois mafieuses permettent à certaines autorités de déroger à la règle de droit. À l'internationale, l'État est soucieux de son image qui lui permet de recueillir la reconnaissance de ses pairs et, dans le cas des pays pauvres, de remplir les multiples conditionnalités de l'aide publique au développement. S'élever au niveau supranational pour y retrouver son État, permet à la société civile de la participation citoyenne de multiplier son impact. Un argument de poids dans la régionalisation de l'action de la société civile réside dans la dynamique qui existe au niveau des institutions d'intégration régionale (CEDEAO, UEMOA). Depuis 2006, la CEDEAO a, par sa plus haute instance, la Conférence des chefs d'États et de gouvernement, adopté la vision 2020 qui fera passer le processus d'intégration, de la CEDEAO des États à la CEDEAO des peuples. Cette vision, qui a largement commencé à être appliquée dans les programmes de la CEDEAO, offre une plus grande place à la participation citoyenne dans le processus d'intégration régionale. En particulier, deux programmes/processus de la CEDEAO sont importants à suivre par les organisations de la société civile, car ils s'imposent aux États membres et permettent à la société civile d'exiger leur application dans le fonctionnement de ces États. Ce sont le protocole additionnel sur la bonne gouvernance de 2001 et le Code minier régional. Ces deux instruments permettent aux OSC de pousser la démocratisation des États membres en usant des règles de convergences constitutionnelles et de suivre l'exploitation des ressources minières de la région et des pays et leur redistribution aux populations.

Au plan juridique, une règle communautaire découlant d'un instrument supranational est supérieure aux normes légales et réglementaires des États. Ainsi, les obligations que la société civile aurait réussi à faire créer au niveau régional ou international s'appliqueront aux États. C'est donc là un excellent canal d'influence des politiques publiques.

Un avantage indéniable des membres de la société civile ayant pratiqué la participation citoyenne dans les cadres de dialogue avec l'État est la connaissance des politiques publiques, leurs processus de formulation, les logiques qui président à leurs orientations ainsi que les outils qui servent à les élaborer. Au bout de quelques années de cette participation, ces acteurs sont en mesure de discuter des politiques publiques, de leur planification, de leurs impacts avec les plus hautes autorités du pays, d'une manière holistique et avec plus d'aisance que beaucoup d'agents publics.

Intervenir dans les politiques publiques est le meilleur moyen pour un acteur citoyen à la fois de défendre les droits humains et de contribuer à l'amélioration de ses conditions et milieu de vie. Tous les citoyens peuvent effectuer une participation à tous les niveaux. Cependant, la participation citoyenne pratiquée par les OSC doit adopter un caractère professionnel pour répondre aux exigences de résultats et celles du dialogue sur les politiques. Les acteurs qui voudraient s'engager dans le suivi citoyen des politiques publiques sont dans l'obligation de maîtriser à fond au moins une des sciences du développement (dures ou soft). L'efficacité dans le suivi citoyen des politiques publiques dépend, en grande partie, des connaissances de type encyclopédique de son acteur. Ceux-ci gagneraient donc à se plier aux efforts de mise à niveau théorique en assimilant quelques sciences et techniques « générales » indispensables.

Investir l'espace public pour y défendre les droits des exclus de la décision n'est cependant pas une entreprise aisée. De nombreux obstacles se sont présentés et continuent à se présenter devant les promoteurs de la participation citoyenne.

5. Limites et challenges

Les limites de l'action du suivi citoyen des politiques publiques sont de plusieurs ordres.

La couverture géographique du territoire par les comités de suivi à la base, au nombre de 51 au premier trimestre 2013, s'avère statistiquement quelque peu limitée, quand l'on est obligé de le rapprocher des 351 communes que compte le Burkina Faso. La limite liée à la taille de l'échantillon est cependant corrigée par la dispersion de ces CSB qui sont présents dans toutes les treize régions du pays. Cette préoccupation tend aussi à s'atténuer avec la progression du nombre des CSB et avec la valorisation du travail des autres organisations de la société civile dans des thématiques spécifiques. La mise en place des CSB et leur fonctionnement induit des coûts assez élevés et cela mettra un certain temps avant que le territoire administratif ne soit couvert par les groupes de la participation citoyenne.

Les premières années de l'initiative ont vu une coopération insuffisante des autres OSC qui n'en comprenaient pas toute la portée. D'année en année, il a été assez fastidieux de réunir les contributions des autres OSC afin d'élargir la base de connaissances des interprétations et des recommandations faites dans les cadres de dialogue

Le suivi citoyen, pour être efficace, exige une certaine dose de scientificité des analyses afin que les résultats soient crédibles et acceptés par la communauté du développement. Les politiques publiques des pays bénéficiant de l'aide publique au développement sont fortement assistées par les institutions internationales qui, pour des raisons de rationalité et d'efficacité, imposent des outils de planification et de gestion de plus en plus performants. Les analyses citoyennes visant à comprendre les politiques publiques et surtout à les critiquer doivent nécessairement revêtir le manteau scientifique. Les premières années de participation des OSC aux revues du CSLP, la question de l'intégration des contributions des OSC aux rapports officiels fut posée. L'argument de la conformité des productions des OSC aux normes statistiques nationales a été opposé aux OSC qui demandaient à être intégrées dans les rapports sur le développement, jusqu'à la revue annuelle du 30 avril 2013 où le gouvernement, par la voix du ministre de l'Économie et des Finances, Monsieur Bembamba, en a admis le principe et promit d'élaborer un canevas spécial pour enregistrer les contributions de la société civile. Ce caractère scientifique du suivi citoyen des politiques publiques est aussi un challenge relevé pour la société civile en raison de son coût. Les charges financières liées au personnel, aux enquêtes et recherches, et les outils nécessaires à un suivi efficace des politiques publiques sont un obstacle à une pratique généralisée de ce type de suivi au sein des OSC.

Le suivi citoyen des politiques publiques en application de la participation citoyenne et communautaire se heurte aussi à la difficulté de la qualification limitée des membres des CSB et de plusieurs OSC en analyse et en plaidoyer. Les communautés à la base, dans les collectivités territoriales burkinabé, surtout rurales, sont parmi les plus démunies et disposent de peu de ressources humaines pour accomplir la participation citoyenne et le suivi des politiques de manière optimale. Les communautés sont alors encadrées par les OSC afin de leur assurer les aptitudes pour la protection de leurs droits.

L'engagement des citoyens dans l'action publique dans le cadre du suivi des politiques publiques a connu des difficultés relationnelles dans certaines communes entre le CSB et le Conseil municipal (exemple de Bagré). Ces difficultés étaient dues aux craintes de l'acteur politique de voir surgir un concurrent dans son espace de prédilection. Les activistes citoyens, de leur côté, envisageaient leur champ d'action quelque peu au-delà de la participation citoyenne. Penser qu'ils étaient enfin en position de prendre des initiatives et faire changer certaines situations de leur cadre de vie a été d'un très fort attrait et quelques-uns ont franchi le pas. Ces difficultés de démarrage ont été résolues par une médiation et un recadrage du rôle du CSB

Bien que le cadre légal soit largement favorable pour une participation citoyenne d'envergure, les populations et même certaines OSC sont encore timides à s'engager dans le suivi citoyen des politiques publiques. Cela tient à un retard dans les mentalités qui sont restées longtemps marquées par le paradigme de l'administration dominatrice et rigoureuse en face d'un citoyen faible et dominé. Certains responsables administratifs et politiques continuent à se comporter comme dans un contexte monarchique où ils n'auraient aucun compte à rendre à qui que ce soit. De même, les citoyens, libérés par l'État de droit et la démocratie formelle, n'arrivent pas à comprendre les mécanismes de leur liberté et doivent se faire pousser dans l'arène de la décision publique. Le principal challenge de la protection des droits humains par la participation citoyenne et le suivi citoyen des politiques publiques réside dans cette incongruité du contexte socio-politique présente dans les pays africains en général après plus de cinquante ans d'indépendance.

Un corollaire de la persistance de rapports anachroniques entre gouvernants et citoyens à l'occasion des affaires publiques est le difficile accès des citoyens à l'information publique. Ce droit, pourtant octroyé par tous les instruments juridiques majeurs de l'État, peine à devenir une pratique courante et sa jouissance par les citoyens n'est pas totalement assurée. L'article 12 du Code général des collectivités reconnait le droit à l'information des citoyens des collectivités territoriales (communes et régions). Le Citizen Policy Review 2012 du CDCAP a procédé à une enquête au niveau communal où la question de l'information des citoyens et celle de la redevabilité des dirigeants locaux ont été reportées comme insuffisantes par les enquêtés.

Les points d'insuffisances relevés plus haut résument les limites humaines au dialogue sur les politiques et confortent les travaux de Pierre Maurel sur la participation à la décision publique. Le suivi citoyen des politiques publiques en tant que stratégie de protection des droits humains par la participation citoyenne est une expérience qui permet d'éclairer des travaux antérieurs sur les processus de développement en Afrique. Tout n'est cependant pas perdu. Le processus d'éveil de la conscience citoyenne démocratique est très lent, mais progresse de manière irréversible, en particulier depuis le renouveau démocratique des années 90 et la mondialisation (information débridée) qui éduque les peuples les plus reculés de la planète, mieux que ne le feraient une armée de révolutionnaires infatigables.

Conclusion générale

À partir de l'expérience décrite tout au long des lignes qui ont précédé, il peut être acquis que le franchissement d'un nouveau palier du développement socio-économique en Afrique se trouve intimement conditionné par des mutations socio-politiques importantes. La posture des citoyens dans la sphère publique est l'enjeu stratégique du processus de développement. Comment faire arriver ceux de la périphérie, les spectateurs, dans le cercle des décisions ultimes ? Tel devrait être le crédo de tous ceux qui œuvrent à la promotion sociale, politique et économique de la grande majorité des populations des pays pauvres.

À la faveur des soubresauts politiques autour des années 90, de nouvelles approches d'organisation des États africains et de conduite des politiques publiques ont fait une place inédite aux citoyens dans les dispositifs publics. Le dialogue sur les politiques publiques a pris du volume au fil des décennies des expériences de politiques publiques participatives. Les expériences ont démontré qu'au plan humain, d'énormes avancées sont encore nécessaires. À la fois les dirigeants et les citoyens se méfient d'un mécanisme qui heurte leur profil de perception des rapports dans l'arène publique.

Les défenseurs des droits ne sauraient, en aucun cas, rester bloqués par des obstacles de ce type. La principale difficulté ayant été vaincue et la participation citoyenne ayant intégré le cadre juridique restent la mise en œuvre, à travers des projets bien ciblés et une détermination de tous les instants, des provisions légales pour une décision publique démocratique, donc efficace. Si la démocratie est bien une religion du bien-être sociétal, la participation citoyenne dans les politiques publiques des pays en difficultés vaut bien une nouvelle croisade.

Des paliers opérationnels restent encore à franchir dans cette croisade. Il s'agit d'affiner les outils du suivi citoyen des politiques publiques afin de les présenter sous une forme objective et falsifiable. Cet objectif constitue un des tout prochains pas de l'expérience du CDCAP. La capitalisation permanente des résultats et des leçons est aussi un défi du processus, car il ne servirait à rien de remporter quelques victoires sans les consigner en vue de leur duplication dans des contextes présentant les mêmes manques. La dimension sociale du suivi citoyen des politiques publiques exige que l'œuvre soit conduite par un groupe le plus large possible et occupant divers pans géographiques et thématiques du développement. La société civile, en l'état actuel de la démocratisation et du processus de développement, doit s'adonner au plaidoyer politique comme méthode de changement social. Le plaidoyer sera politique ou ne sera pas si l'on veut que la société civile soit un agent de la démocratisation et de promotion des droits humains. Les acteurs de la société civile ont ainsi une responsabilité particulière dans la construction de réseaux forts et efficaces et l'intégration des cadres du dialogue sur les politiques. Dans le contexte de grande rareté de ressources qu'est celui de la société civile africaine, les actions doivent être de nature stratégique, à savoir, produire des effets très larges et durables.

Une exigence capitale réside dans le changement de conception des acteurs de l'aide publique au développement qui ont accordé une trop grande confiance à un acteur étatique qui a pourtant besoin d'un contrepoids pour assumer sa fonction existentielle. Les décennies passées du développement, les partenaires internationaux et les populations ont accordé des chèques en blanc aux gouvernements sans exiger ou imposer des mécanismes de conduite des politiques publiques équilibrés dans leur composition politique. Sous cet angle, la constitutionnalisation de la participation citoyenne devient une exigence fonctionnelle des dispositifs du développement et une demande politique forte de la société civile. L'ajustement de la gouvernance politique des pays luttant contre la pauvreté et la consultation systématique des organisations citoyennes dans les politiques publiques est une urgence irrépressible dont dépend l'efficacité de l'aide et du développement.

Ouagadougou, 22 mai 2013

Bibliographie

J-C Ruano Borbalan, *Le pouvoir ; des rapports individuels aux relations internationales*, 2002

Samuel Métairie, *Contrôle social et conformisme en Démocratie : la désobéissance civile, un devoir de citoyen ?* http://www.agoravox.fr/actualites/citoyennete/article/controle-social-et-conformisme-en-64877

Joseph Yvon Thériault, *La société civile ou la chimère insaisissable. Essai de sociologie politique.* Montréal, Les Éditions Québec/Amérique, 1985, 160 pp. Collection : Dossiers-documents

Pierre Müller, Yves Surel, *L'analyse des politiques publiques*, Paris, Montchrestien, 1998, 156 pages

Paul A. Sabatier, *Theory of the policy process*, Westview Press, 1999, 289 pages

Bruno Jobert, Pierre Müller, *L'État en action : politiques publiques et corporatismes*, Presses Universitaires de France - PUF, 1987, 242 pages

Pierre Müller, *Les politiques publiques*, Presses Universitaires de France, PUF, 14 sept. 2011, 126 pages

Amy Gutmann and Dennis Thompson, *Democracy and disagreement*, Harvard College, 1996

Pierre Müller, *Les politiques publiques*, Presses Universitaires de France, PUF, 14 sept. 2011, 126 pages

Benjamin Barber, *Strong democracy, participatory politics for a new age*, University of California Press, 1984

Angela V. Willis, *Effective use of citizen participation in planning decision-making processes*, 2008

Antoine Bevort, *Pour une démocratie participative*, Presses de Sciences Po, Collection La Bibliothèque du citoyen, 2002. 136 pages.

Gilles PAQUET, *Gouvernance mode d'emploi*, Montréal, Liber, 2008, 364 p

Sherry R. Arnstein, *A Ladder of Citizen Participation*, Journal of the American Institute of Planners, vol. 35, n° 4, juillet 1969, pp. 216-224

Marc Kesselman, *Le Consensus ambigu : études sur le gouvernement local*, Paris, éditions Cujas, 1972.

Bernard Manin, *Principes du gouvernement représentatif*, Flammarion, Paris, 1996

Jacques Rancière, *La Haine de la démocratie*, La Fabrique, 2005

Joseph Schumpeter, *Capitalism, Socialism and Democracy*, Londres/New York, Harper & Row, 1946.

Yves Sintomer, *Du savoir d'usage au métier de citoyen ?* in Raisons Politiques, Presses de Sciences Po, 03/2008

John Dewey, *Le Public et ses problèmes*, 1927

Yves Sintomer, *Le pouvoir au peuple*, La Découverte, 2007

James S. Fishkin, *Vers une démocratie délibérative : l'expérimentation d'un idéal*

Annexes

Annexe 1 : Mise en œuvre de la SCADD : Accord sur la matrice de performance 2014-2016

Mardi 16 juillet 2013

La matrice de performance pour la période 2014-2016 de la Stratégie de croissance accélérée et de développement durable (SCADD) est désormais disponible. Le document a été paraphé ce mardi 16 juillet 2013 à Ouagadougou par les représentants des principaux acteurs de la mise en œuvre de la SCADD.

C'était au cours d'une cérémonie solennelle présidée par le ministre burkinabè de l'Économie et des Finances, Lucien Marie Noël Bembamba.

Outre le ministre Bembamba pour le compte du gouvernement, le document a été tour à tour paraphé par :

- Yongo Nignan, président du conseil d'administration du Secrétariat permanent des Organisations non gouvernementales (SPONG) ;
- Alizèta Ouédraogo, présidente du conseil

d'administration de la Chambre de commerce et d'industrie du Burkina Faso (CCI-BF), chef de file des organisations de la société civile ;

- Marin Casimir Ilboudo, président de l'Association des municipalités du Burkina Faso (AMBF) ;

- Maxime Koné, président de l'Association des régions du Burkina Faso (ARBF)

- Ginette N'Zau Muteta, Représentante résidente de la Banque africaine de développement (BAD), présidente de la Troïka des Partenaires techniques et financiers (PTF).

Président
CA-SPONG
Président
ARBF

Au total, c'est donc six personnes qui ont paraphé la matrice de performance 2014-2016 de la Stratégie de croissance accélérée et de développement durable. A la grande satisfaction du grand argentier burkinabè qui s'est félicité de la présence effective des différents acteurs de la cérémonie. Et de souhaiter une contribution accrue de leur participation à la mise en œuvre de la SCADD, ainsi qu'à l'animation de son dispositif de suivi et d'évaluation, « chacun dans ses rôles respectifs, pour un bien-être des populations toujours plus grand », dit-il.

Pour la présidente de la Troïka des Partenaires techniques

et financiers, cette année, le paraphe de la matrice revêt un caractère spécial. « En effet, pour la toute première fois, la matrice de performance est paraphée par tous les acteurs du processus de la SCADD. Cette démarche constitue en soi une innovation majeure. Elle marque ainsi, une étape décisive dans l'appropriation de la matrice SCADD par tous », a ajouté Ginette NZau Muteta.

La matrice de performance, un instrument important

La matrice de performance de la SCADD, a expliqué le ministre Bembamba, est un instrument sur lequel se fonde l'appréciation globale de la mise en œuvre de la SCADD. Elle est constituée, poursuit-il, d'une part, de mesures stratégiques de réformes à effectuer dans les axes et domaines de la SCADD et, d'autre part, d'indicateurs de mesure des progrès réalisés. « Elle permet de procéder chaque année à un bilan de la politique nationale de développement et des prévisions partagées par les différents acteurs impliqués : administration publique, collectivités territoriales, secteur privé, société civile, partenaires techniques et financiers. Le second aspect de l'importance du paraphe de la matrice de performance dans la bonne mise en œuvre de la SCADD, tient au fait qu'il offre l'occasion de mettre en lumière les dispositions envisagées pour l'amélioration des performances dans la mise en œuvre et le suivi de la SCADD.

La présente matrice de performance tient compte des insuffisances relevées par les revues annuelles 2012 et 2013 de la SCADD. Il s'agit principalement des insuffisances constatées sur le plan des ressources humaines, matérielles et financières, dans l'exécution des marchés publics, ainsi que dans le fonctionnement du dispositif de suivi et évaluation de la SCADD. Le ministre de l'Économie et des Finances a annoncé pour septembre 2013 des mesures pour résoudre les difficultés relevées.

Grégoire B. BAZIE

Ph. Gédéon Lefaso.net

http://www.lefaso.net/spip.php?article55092

Annexe 2 : Discours MEF paraphe matrice SCADD 2014-2016 VF

BURKINA FASO
Unité - Progrès - Justice

ALLOCUTION DE MONSIEUR LE MINISTRE DE L'ÉCONOMIE ET DES FINANCES A LA CÉRÉMONIE DE PARAPHE DE LA MATRICE DE PERFORMANCE 2014-2016 DE LA STRATÉGIE CROISSANCE ACCÉLÉRÉE ET DE DÉVELOPPEMENT DURABLE (SCADD)

OUAGADOUGOU, 16 JUILLET 2013

Madame la Représentante résidente de la Banque africaine de développement, Présidente de la Troïka des Partenaires techniques et financiers,

Monsieur le Président de l'Association des régions du Burkina Faso,

Monsieur le Président de l'Association des municipalités du Burkina Faso,

Madame la Présidente de la Chambre de commerce et d'industrie du Burkina Faso, Chef de file des représentants du Secteur privé

Monsieur le Président du Conseil d'administration du Secrétariat permanent des Organisations non gouvernementales, Chef de file des organisations de la société civile,

Honorables invités,

Mesdames et Messieurs,

Je voudrais me réjouir de la tenue de cette cérémonie de paraphe de la Matrice de performance 2014-2016 de la Stratégie de croissance accélérée et de développement durable (SCADD).

Bien qu'elle soit la troisième du genre depuis l'adoption de la SCADD, fin décembre 2010, il s'agit néanmoins d'une cérémonie inédite, en ce sens qu'elle associe, pour la première fois, les principales catégories d'acteurs du développement économique et social du Burkina Faso dans un acte clé pour la bonne mise en œuvre de notre stratégie nationale de développement.

En effet, conformément aux conclusions de la revue annuelle 2013 de la SCADD, la matrice de performance ne sera plus paraphée uniquement par la partie gouvernementale et les partenaires techniques et financiers, mais également par les acteurs de la décentralisation, du secteur privé et de la société civile.

Aussi, voudrais-je saluer la présence effective des représentants de ces différents acteurs à la cérémonie qui nous réunit aujourd'hui, en vue de la matérialisation de cette nouvelle disposition, à la faveur du paraphe de la Matrice de performance 2014-2016.

Mesdames et Messieurs,

Comme je l'ai indiqué tantôt, le paraphe de la matrice de performance de la SCADD constitue un acte clé de la bonne mise en œuvre de notre stratégie nationale de développement.

Il me parait utile de développer quelque peu cette assertion.

En premier lieu, le paraphe de la matrice de performance boucle l'exercice d'établissement du bilan de la mise en œuvre de la SCADD, pour l'année écoulée, et celui de la définition des perspectives, pour les trois années à venir.

Car, faut-il le rappeler, la matrice de performance de la SCADD est l'instrument sur lequel se fonde l'appréciation globale de la mise en œuvre de la SCADD. Elle est constituée, d'une part, de mesures stratégiques de réformes à effectuer dans les axes et domaines prioritaires de la SCADD et, d'autre part, d'indicateurs de mesure des progrès réalisés. Elle permet de procéder chaque année à un bilan de la politique nationale de développement et à des prévisions partagés par les différents acteurs impliqués : administration publique, collectivités territoriales, secteur privé, société civile, partenaires techniques et financiers.

Mesdames et Messieurs,

Le second aspect de l'importance du paraphe de la matrice de performance dans la bonne mise en œuvre de la SCADD tient au fait qu'il offre l'occasion de mettre en lumière les dispositions envisagées pour l'amélioration des performances dans la mise en œuvre et le suivi de la SCADD.

Comme vous le savez, les revues annuelles 2012 et 2013 de la SCADD, tout en relevant les progrès réalisés, ont mis en évidence les difficultés rencontrées, non seulement dans la mise en œuvre, mais également dans le suivi de la SCADD. Il s'agit principalement des insuffisances constatées sur le plan des ressources humaines, matérielles et financières, dans l'exécution des marchés publics, ainsi que dans le fonctionnement du dispositif de suivi et d'évaluation de la SCADD.

Et comme les travaux de la revue annuelle 2013 l'ont montré, des dispositions de suivi plus rapproché de la mise en œuvre des mesures et actions au niveau des secteurs concernés sont nécessaires pour parvenir à de meilleurs taux de réalisation.

C'est pourquoi, ai-je instruit l'exécution de travaux nécessaires à l'adoption de mesures appropriées de renforcement des capacités des acteurs du dispositif de suivi et d'évaluation de la SCADD.

Ces travaux qui impliqueront les acteurs sectoriels et régionaux devraient déboucher, en septembre 2013, sur l'adoption de dispositions allant dans les directions suivantes :

- ils devront tout d'abord garantir que les secrétariats techniques des Cadres sectoriels et régionaux de dialogue soient dotés de ressources humaines, matérielles et financières en adéquation avec leurs missions ;
- ils devront ensuite permettre un plus grand engagement des acteurs nationaux dans la mise en œuvre et le suivi des mesures et actions prioritaires, ainsi qu'un suivi plus rapproché de la réalisation des mesures et actions de la matrice de performance de la SCADD ;
- ils devront enfin contribuer à l'amélioration des qualités du dialogue et des rapports sectoriels et régionaux de performance.

President CCI-BF
President
AMBF

Mesdames et Messieurs,

La pertinence et l'efficacité des dispositions envisagées, tout comme la bonne exécution des mesures et actions prioritaires programmées, ne sauraient être sans l'accompagnement des acteurs de la décentralisation, du secteur privé, de la société civile et des partenaires techniques et financiers.

S'agissant des partenaires techniques et financiers, je ne peux omettre de saluer le dynamisme impulsé par la Troïka, qui participe du renforcement de l'efficacité de la coopération au développement.

Qu'il me soit également permis de remercier ici les acteurs de la décentralisation, du secteur privé, de la société civile, pour leur participation constante à la réalisation des objectifs de développement formulés par le gouvernement.

C'est enfin l'opportunité de souhaiter qu'ils approfondissent leur contribution à la mise en œuvre de la SCADD, ainsi qu'à l'animation de son dispositif de suivi et d'évaluation, chacun dans ses rôles respectifs, pour un bien-être des populations toujours plus grand.

JE VOUS REMERCIE !

Annexe 3 DECRET N° 2011 -_______/ PRES/PM/MEF

BURKINA FASO ---------- Unité - Progrès - Justice	**DECRET N° 2011 -______/ PRES/PM/MEF** portant création, attributions, organisation et fonctionnement du dispositif de suivi et d'évaluation de la Stratégie de croissance accélérée et de développement durable (SCADD)

**LE PRÉSIDENT DU FASO,
PRÉSIDENT DU CONSEIL DES MINISTRES**

VU la Constitution

VU le décret n°2011-002/PRES du 13 janvier 2011 portant nomination du Premier ministre ;

VU le décret n°2011-004/PRES/PM du 16 janvier 2011 portant composition du gouvernement du Burkina Faso ;

VU le décret n° 2011-077/PRES/PM/SGG-CM du 24 février 2011 portant attributions des membres du gouvernement ;

VU le décret n°2011-141/PRES/PM/MEF du 24 mars 2011 portant adoption de la stratégie de croissance accélérée et de développement durable (SCADD) ;

SUR rapport du ministre de l'Économie et des Finances ;

Le Conseil des ministres, entendu en sa séance du 13 avril 2011

DECRETE :

TITRE I : DES DISPOSITIONS GENERALES

CHAPITRE I : de la création et de la composition du dispositif de suivi et d'évaluation de la Stratégie de croissance accélérée et de développement durable (SCADD)

Article 1 : Il est créé un dispositif de suivi et d'évaluation de la Stratégie de croissance accélérée et de développement durable (SCADD, ci-après désigné « le dispositif de suivi ».

Article 2 : Le dispositif de suivi et d'évaluation de la SCADD est le mécanisme de coordination et de supervision de la mise en œuvre de la SCADD. Il comprend des organes et des instances.

TITRE II : <u>DES ORGANES ET DES INSTANCES DU DISPOSITIF DE SUIVI</u>

CHAPITRE I : Des organes du dispositif de suivi

Article 3 : Les organes sont les structures chargées de l'animation des cadres de dialogue des acteurs de développement pour la mise en œuvre de la SCADD.

Article 4 : Le dispositif de suivi et d'évaluation de la SCADD comprend les organes ci-après:

- le Conseil des ministres ;
- le Comité national de pilotage de la SCADD (CNP/SCADD) ;
- les Cadres sectoriels de dialogue (CSD) ;
- les Cadres régionaux de dialogue (CRD) ;

Article 5 : Les organes du dispositif de suivi sont assistés dans l'accomplissement de leurs missions par un Secrétariat technique national de la SCADD (STN/SCADD), rattaché au ministère de l'Économie et des Finances.

Le STN/SCADD est placé sous la responsabilité d'un secrétaire exécutif nommé par décret en Conseil des ministres.

Le Secrétaire exécutif du STN/SCADD est assisté dans l'exercice de sa mission par des chefs de département nommés également par décret en conseil des ministres.

Article 6 : L'organisation et le fonctionnement du Secrétariat technique national de la SCADD seront précisés par arrêté du ministre de l'Économie et des Finances.

Section 1- Du Conseil des ministres

Article 7 : Le Conseil des ministres est l'organe d'élaboration et d'exécution des politiques de développement économique et social. A ce titre, il est chargé :

- de fixer les priorités d'actions pour la mise en œuvre de la SCADD ;

- de décider de l'allocation des ressources en fonction des priorités définies ;

- d'adopter la matrice de performances et le rapport annuel de performances, qui sont annexés respectivement aux projets de loi de finances et de loi de règlement à soumettre au Parlement.

Section 2- Du Comité national de pilotage de la SCADD

Article 8 : Le Comité national de pilotage de la SCADD a pour missions de superviser la mise en œuvre de la SCADD à travers le suivi et l'évaluation des actions retenues dans les différents domaines de priorité. À ce titre, il est chargé notamment :

-de donner les directives nécessaires aux différents acteurs, notamment les secteurs ministériels, pour la conduite des actions qui leur incombe et la production des divers rapports nécessaires pour en apprécier l'impact ;

- de valider le programme de travail annuel et de décider de la réalisation des études à caractère général ou spécifique nécessaires à l'approfondissement des éléments de la stratégie ;

-de veiller au bon déroulement de l'ensemble du processus de suivi et d'évaluation de la SCADD.

Article 9 : Le Comité national de pilotage de la SCADD comprend :

- ***Président*** : le Premier ministre ;

- ***Vice-président*** : le Ministre en charge de l'économie et des finances ;

- ***Membres*** :

- les Présidents des cadres sectoriels de dialogue choisis

conformément aux priorités de la SCADD ;

- les Gouverneurs de régions ;
- trois représentants de l'Association des régions du Burkina Faso (ARBF) dont son Président ;
- trois représentants de l'Association des municipalités du Burkina Faso (AMBF) dont son Président ;
- trois représentants des organisations de la société civile organisés autour d'un chef de file ;
- trois représentants du secteur privé organisés autour d'un chef de file ;
- les partenaires techniques et financiers organisés au sein d'une Troïka.

-Observateurs :

- trois (3) représentants de l'Assemblée nationale ;
- trois (3) représentants du Conseil économique et social.

- ***Rapporteur :*** le Secrétaire exécutif du STN/SCADD, assisté des coordonnateurs des cadres de dialogue sectoriels choisis conformément aux priorités de la SCADD.

Article 10 : Le Président convoque et dirige les sessions du Comité national de pilotage de la SCADD. En cas d'empêchement, il délègue ses pouvoirs au Vice-président.

Article 11 : Les chefs de file des organisations de la société civile et des acteurs du secteur privé jouent un rôle d'interface entre ces organisations ou acteurs et la Présidence du Comité national de pilotage de la SCADD.

Article 12 : Les partenaires techniques et financiers s'organisent au sein d'une troïka composée de représentants ayant rang de chef de mission. La troïka est le porte-parole unique des partenaires techniques et financiers et joue le rôle d'interface entre lesdits partenaires et la Présidence du Comité national de pilotage de la SCADD.

Section 3- Des Cadres sectoriels de dialogue

Article 13 : Les Cadres sectoriels de dialogue sont constitués par les dispositifs de pilotage des politiques et stratégies sectorielles. Ils s'appuient sur les dispositifs organisationnels existants et fonctionnent sous la présidence du premier responsable du ministère ou de la structure concernée et regroupent l'ensemble des acteurs intervenant dans le secteur dont l'administration centrale et déconcentrée, le secteur privé, la société civile et les partenaires techniques et financiers.

Article 14 : Les Cadres sectoriels de dialogue assurent la supervision de la mise en œuvre des politiques et stratégies sectorielles. À ce titre, ils sont chargés :

- de définir les priorités des actions à conduire sur la période triennale à venir pour relever les grands défis du secteur ;

- d'examiner et d'adopter les bilans des plans d'actions sectoriels de l'année (N-1), les rapports d'évaluation d'impacts produits au moins tous les trois ans, les plans d'actions sectoriels des années (N+1) à (N+3) et les cadres de dépenses à moyen terme (CDMT) sectoriels de la même période, en veillant à leur cohérence avec les priorités définies.

Article 15 : Les Cadres sectoriels de dialogue sont organisés en groupes thématiques de travail et/ou en sous-secteurs selon les besoins, en tenant compte des principes fondamentaux d'appropriation nationale des politiques et programmes, d'harmonisation, d'alignement, de gestion axée sur les résultats et de responsabilité mutuelle.

Ils sont animés par des secrétariats techniques dont le fonctionnement est régi par un texte réglementaire.

Section 4- Des Cadres régionaux de dialogue (CRD)

Article 16 : Les Cadres régionaux de dialogue (CRD) constituent les cadres de dialogue de la SCADD au niveau régional. Leurs attributions sont assumées par les Cadres de concertation régionaux (CCR).

Les CRD apprécient la pertinence des actions programmées par les acteurs locaux, leur cohérence avec les objectifs de la SCADD et évaluent leurs performances.

Ils sont animés par des secrétariats techniques coordonnés par les Directeurs régionaux de l'économie et de la planification, assistés de représentants du STN/SCADD.

Article 17 : Les présidents des organes du dispositif de suivi et d'évaluation de la SCADD peuvent, en cas de besoin, faire appel à toute personne physique ou morale pour ses qualités ou ses compétences.

CHAPITRE II : Des instances du dispositif de suivi et d'évaluation de la SCADD

Article 18 : Les instances du dispositif de suivi et d'évaluation de la SCADD sont les sessions des cadres de dialogue regroupant les acteurs de la mise en œuvre de la SCADD et des politiques sectorielles. Elles sont au nombre de trois, à savoir :

- ✓ la revue annuelle de la SCADD ;
- ✓ les revues sectorielles ;
- ✓ les revues régionales.

Section 1- De la revue annuelle de la SCADD

Article 19 : La revue annuelle de la SCADD tient lieu de session ordinaire du Comité national de pilotage de la SCADD.

La revue annuelle de l'année (N) a pour objet d'approuver le bilan de la mise en œuvre de la SCADD au cours de l'année précédente (N-1), d'apprécier l'impact des actions menées les années antérieures (N-2 et antérieures) et de valider celles à conduire les trois années suivantes (N+1 à N+3).

Elle examine et valide les projets de rapport de performances de l'année (N-1), le rapport d'évaluation d'impact qui est produit au moins tous les trois ans et le projet de matrice de performances des années (N+1) à (N+3).

Elle s'assure de la cohérence de la répartition des enveloppes sectorielles du CDMT de l'année (N+1) avec les priorités arrêtées pour les secteurs. Ces priorités, reprises dans la matrice de performances, servent de cadre de référence pour l'élaboration du CDMT de l'année (N+2).

Article 20 : La revue annuelle de la SCADD a un caractère politique. Elle est précédée par des travaux techniques préparatoires, dont une pré-revue, conduits par le Secrétaire exécutif du Secrétariat technique national de la SCADD.

Article 21 : La matrice de performances est élaborée en année (N) pour couvrir une période triennale de (N+1) à (N+3). En tant qu'instrument d'information du Parlement et de dialogue avec les partenaires techniques et financiers, elle comprendra en nombre limité des mesures de réformes stratégiques à engager par le gouvernement dans les secteurs de priorité de la SCADD et des indicateurs de mesure des progrès réalisés dans la mise en œuvre de la politique de développement du pays.

Article 22 : Le rapport de performances rend compte de l'état de mise en œuvre de la matrice de performances. Il est élaboré à partir des rapports des revues sectorielles, focalisées sur les priorités de la SCADD. A cet effet, chaque secteur produit un rapport sectoriel de performances faisant le bilan et le lien entre les ressources allouées et les résultats atteints par rapport aux cibles visées pour la période sous revue.

Article 23 : Le rapport d'évaluation d'impact est produit au moins tous les trois ans par une expertise indépendante, pour alimenter le processus de dialogue sur l'efficacité des politiques publiques et la planification stratégique.

Section 2 - Des revues sectorielles

Article 24 : Les revues sectorielles tiennent lieu de sessions des Cadres sectoriels de dialogue. Elles ont lieu deux fois dans l'année et leurs rapports alimentent la revue annuelle de la SCADD. Elles comprennent une revue sectorielle annuelle et une revue sectorielle à mi-parcours.

La revue annuelle examine notamment et de façon détaillée le bilan du plan d'actions sectoriel de l'année (N-1), le rapport d'évaluation d'impact produit au moins tous les trois ans, le plan d'actions sectoriel des années (N+1) à (N+3) et le CDMT sectoriel de la même période.

La revue à mi-parcours examine le bilan à mi-parcours de l'année (N), les actions à entreprendre pour corriger les insuffisances constatées dans la mise en œuvre du plan d'actions et la définition des priorités pour les trois années ultérieures.

Les revues sectorielles intègrent l'examen des questions de l'efficacité de l'aide.

Section 3- Des revues régionales

Article 25 : Les sessions des Cadres régionaux de dialogue (CRD) tiennent lieu de revues régionales. Elles servent à valider les actions des plans régionaux de développement cohérentes avec les priorités de la SCADD et à faire le bilan de leur mise en œuvre.

Les Cadres régionaux de dialogue se réunissent au moins deux fois l'an et leurs rapports validés alimentent la revue annuelle de la SCADD.

La session annuelle examine le bilan du plan d'actions régional de l'année (N-1), le rapport d'impact produit au moins tous les trois ans et le plan d'actions régional des années (N+1) à (N+3).

La session à mi-parcours examine le bilan à mi-parcours de l'année (N), les actions à entreprendre pour corriger les insuffisances constatées dans la mise en œuvre du plan d'actions régional et la définition des priorités du plan d'actions régional pour les trois années ultérieures.

TITRE III : DU DIALOGUE POLITIQUE DE HAUT NIVEAU

CHAPITRE I : Des rencontres annuelles avec les acteurs de développement

Article 26 : Les rencontres annuelles avec les autres acteurs de développement sont des cadres de dialogue politique de haut niveau avec les collectivités territoriales, les acteurs non étatiques et les partenaires techniques et financiers sur les questions liées à leur participation et/ou leur soutien à l'animation du développement. Elles ont un caractère consultatif et comprennent notamment :

- ✓ la rencontre Gouvernement – secteur privé ;
- ✓ la rencontre Gouvernement – organisations de la société civile ;
- ✓ la rencontre Gouvernement – collectivités territoriales ;
- ✓ la rencontre Gouvernement – partenaires techniques et financiers.

Les cadres de dialogue politique fonctionnent conformément aux dispositions de leurs textes de création respectifs. Ils sont présidés par le Premier ministre assisté des membres du gouvernement concernés par les thèmes inscrits à l'ordre du jour.

CHAPITRE II : De la rencontre entre le gouvernement et les Partenaires techniques et financiers

Article 27 : La rencontre entre le gouvernement et les Partenaires techniques et financiers sert :

- au gouvernement, de cadre pour présenter aux partenaires techniques et financiers ses choix politiques et solliciter leur appui dans la mise en œuvre de ses programmes de développement, notamment sous forme d'aide publique au développement ;

- aux partenaires techniques et financiers, de cadre pour annoncer leurs appuis pour les années (N+1) à (N+3) ;

- aux deux parties, de cadre d'évaluation de la mise en œuvre des engagements pris dans l'optique de l'efficacité de l'aide dont la responsabilité mutuelle, et d'échanges sur les sujets ne pouvant être traités aux niveaux technique et sectoriel.

Article 28 : La rencontre entre le gouvernement et les partenaires techniques et financiers regroupe exclusivement les chefs de missions diplomatiques. En fonction des questions inscrites à l'ordre du jour, le Chef du gouvernement désigne les membres du gouvernement qui y prennent part.

Le projet de compte rendu rédigé à l'issue des travaux est adressé à tous les participants au plus tard sept jours après la réunion pour recueillir leurs observations avant finalisation et diffusion.

TITRE IV : DES DISPOSITIONS TRANSITOIRES ET FINALES

Article 29 : Le Secrétariat technique national de la SCADD assistera les Cadres sectoriels de dialogue pour leur structuration dans le sens d'assurer l'efficacité du dialogue entre les différents acteurs.

Article 30 : Les attributions, la composition, les modalités de fonctionnement et les produits attendus des travaux des Cadres de dialogue seront précisés par des textes réglementaires.

Article 31 : Le présent décret abroge toutes dispositions antérieures contraires, notamment le décret n° 2003-560/PRES/PM/MEF du 29 octobre 2003.

Article 32 : Le ministre de l'Économie et des Finances est chargé de l'exécution du présent décret sera publié au Journal officiel du Faso.

Ouagadougou, le

Blaise COMPAORE

Le Premier ministre

Beyon Luc Adolphe TIAO

Le ministre de l'Économie et des Finances

Lucien Marie Noël BEMBAMBA

Table des matières

L'HARMATTAN, ITALIA
Via Degli Artisti 15; 10124 Torino

L'HARMATTAN HONGRIE
Könyvesbolt ; Kossuth L. u. 14-16
1053 Budapest

ESPACE L'HARMATTAN KINSHASA
Faculté des Sciences sociales,
politiques et administratives
BP243, KIN XI
Université de Kinshasa

L'HARMATTAN CONGO
67, av. E. P. Lumumba
Bât. – Congo Pharmacie (Bib. Nat.)
BP2874 Brazzaville
harmattan.congo@yahoo.fr

L'HARMATTAN GUINEE
Almamya Rue KA 028, en face du restaurant Le Cèdre
OKB agency BP 3470 Conakry
(00224) 60 20 85 08
harmattanguinee@yahoo.fr

L'HARMATTAN CAMEROUN
BP 11486
Face à la SNI, immeuble Don Bosco
Yaoundé
(00237) 99 76 61 66
harmattancam@yahoo.fr

L'HARMATTAN COTE D'IVOIRE
Résidence Karl / cité des arts
Abidjan-Cocody 03 BP 1588 Abidjan 03
(00225) 05 77 87 31
etien_nda@yahoo.fr

L'HARMATTAN MAURITANIE
Espace El Kettab du livre francophone
N° 472 avenue du Palais des Congrès
BP 316 Nouakchott
(00222) 63 25 980

L'HARMATTAN SENEGAL
« Villa Rose », rue de Diourbel X G, Point E
BP 45034 Dakar FANN
(00221) 33 825 98 58 / 77 242 25 08
senharmattan@gmail.com

L'HARMATTAN TOGO
1771, Bd du 13 janvier
BP 414 Lomé
Tél : 00 228 2201792
gerry@taama.net

Achevé d'imprimer par Corlet Numérique - 14110 Condé-sur-Noireau
N° d'Imprimeur: 101062 - Dépôt légal: septembre 2013 - *Imprimé en France*

www.ingramcontent.com/pod-product-compliance
Lightning Source LLC
LaVergne TN
LVHW021209061026
849535LV00008B/2643